UNBIAS THE NEWS

Warum Journalismus Vielfalt braucht.

Chefredakteurin
Tina Lee

Redakteur*innen
Mohammad Bassiki
Priyanka Borpujari
Piotr Drabik
Tabea Grzeszyk
Esther Nakkazi
Henrique Kugler
Purple Romero
Ali Shehab
Hannah Spyksma
Qian Sun
Tabapsi Tagne Timothée Parfait

Übersetzung und Lektorat
Tabea Grzeszyk
André Grzeszyk
Oliver Krull
Sarah Pepin
Julia Schell
Bettina Seifried
Gabriele Schneider
Markus Schneider
Margret Trebbe-Plath
Anne Vonderstein

Unbias The News
Warum Journalismus Vielfalt braucht.

Gedruckt in Lettland / Livonia Print / Riga
Layout / Design: Andy Wilke
Illustrationen: Moshtari Hilal

Text:
Hostwriter gUG (haftungsbeschränkt)
c/o Haus K166
Karl-Marx-Straße 166
12043 Berlin

Mehr Infos unter:
www.hostwriter.org
www.unbiasthenews.org

ISBN: 978-3-948013-04-2

Verlag:
CORRECTIV – Verlag und Vertrieb
für die Gesellschaft UG
(haftungsbeschränkt)
Huyssenallee 11
45128 Essen

Handelsregister Essen
HRB 26115

Geschäftsführer:
David Schraven, Simon Kretschmer

Mehr Infos unter:
shop.correctiv.org

INHALT

VORWORT

Haben Sie jemals eine journalistische Chance verpasst, weil Ihnen kein Visum für die Reise erteilt wurde? Mussten Sie schon einmal ein Interview abbrechen, weil Ihr Protragonist begonnen hat, mit Ihnen zu flirten? Wurden Sie jemals aus der Autorinnenzeile gestrichen, weil Ihre Kollegin Sie als Fixerin betrachtet hat? Hatten Sie schon einmal Schwierigkeiten, hochrangige Gesprächspartner*innen zu gewinnen, weil diesen Ihr Publikum nicht wichtig war? Haben Sie jemals eine Information verschwiegen, weil die Veröffentlichung Ihre eigene Sicherheit oder die Ihrer Familie beeinträchtigt hätte?

Mit diesen Fragen haben wir im Mai 2019 im Namen meiner Organisation „Hostwriter" ein „Unbias the News"-Panel beim Internationalen Journalismusfestival in Perugia eröffnet. Ein journalistischer „privilege walk", bei dem sich alle Panel-Teilnehmer*innen und ein Gast aus dem Publikum an einer Linie aufstellten und jeweils einen Schritt zur Seite traten, wenn sie die Frage mit „Ja" beantworteten; bei einem „Nein" blieben sie stehen. Am Ende der fünf Fragen standen wir im Palazzo Sorbello kreuz und quer verteilt im Raum, manche hatten sich mehrere Schritte zur Seite bewegt, manche weniger – aber niemand war mehr an derselben Stelle.

Was wir mit dieser Übung zeigen wollten: Wir alle sind Journalist*innen, doch wir haben unterschiedliche Privilegien, die mit darüber entscheiden, was wir wahrnehmen und worüber wir berichten können. Wir alle recherchieren, führen Interviews und überprüfen Fakten, doch wir sehen die Welt aus unterschiedlichen Blickwinkeln. Viele werden ausgegrenzt. Es macht einen Unterschied, ob wir weiß, schwarz oder braun sind, männlich, weiblich oder queer, ob wir auf Englisch, Spanisch oder Chinesisch publizieren, ob wir im Land der Berichterstattung geboren, dorthin migriert oder geflohen sind, ob wir jung oder alt sind, eine körperliche oder geistige Behinderung haben, ob wir aus einer Akademiker*innen- oder aus einer Arbeiter*innenfamilie stammen. Denn der persönliche Hintergrund hat Einfluss darauf, welchen Zugang wir zu Themen und Protagonist*innen haben, wie wir Fakten interpretieren, welche Geschichten uns ins Auge springen – und welche wir übersehen. Und die Summe unserer Privilegien entscheidet mit, ob unsere Recherchen Gehör finden oder nicht.

Das alles steht in scharfem Widerspruch zu einem Journalismus, der sich als neutral, objektiv und unabhängig versteht. Für den die einzelnen Journalist*innen keinen Körper, kein Geschlecht und keine Geschichte haben, da sie als unabhängige Beobachter*innen das Weltgeschehen vermeintlich von außen betrachten. Doch eine objektive Perspektive aus dem Nichts, einen „view from nowhere", gibt es nicht. Tatsächlich kommt in der internationalen Berichterstattung überwiegend die Weltsicht weißer Männer zum Ausdruck. Im Jahr 2018 waren in den USA 77,4 Prozent der Journalist*innen weiß und zu 59 Prozent männlich[1]. Die letzten Zahlen aus Großbritannien von 2016 ergaben 94 Prozent weiße Journalist*innen, davon 55 Prozent männlich[2]. Das macht weiße Männer noch lange nicht zu schlechten Journalisten. Doch es macht sie wenig repräsentativ für die Gesellschaften, über die sie berichten. Wie alle Menschen haben auch Journalist*innen unbewusste Vorurteile, stereotype Annahmen und nationale oder kulturelle Vorstellungen, die ihren Blick auf die Welt einfärben[3]. Für eine vielfältigere Berichterstattung zu kämpfen ist daher keine Frage der politischen Korrektheit. Es ist eine Frage der Qualität. Journalismus kann es sich nicht leisten, dass die Perspektiven etwa von Frauen oder People of Color bis heute dramatisch unterrepräsentiert sind.

Wir verstehen Vielfalt als Form des journalistischen Faktenchecks. Stereotype Narrative, reduktionistische Vorstellungen, struktureller Rassismus oder beinharter Sexismus können von betroffenen Journalist*innen meist im Handumdrehen dechiffriert werden – wenn man ihnen den Raum gibt. Genau das haben wir für die „Unbias the News"-Anthologie getan: Wir haben Journalist*innen nach ihren Geschichten gefragt, ihren Erfahrungen, ihren Vorschlägen und Wünschen für einen inklusiveren Journalismus, der so vielfältig ist wie unsere Gesellschaften. Ein herzliches Dankeschön an alle Autor*innen, die kein Blatt vor den Mund nehmen und mit teilweise sehr persönlichen Beiträgen ihre Perspektiven teilen.

Damit wir als in Berlin ansässige Organisation nicht in die Falle unserer eigenen unbewussten Vorurteile tappen, haben wir für die Auswahl der Texte und die redaktionelle Arbeit mit einem zehnköpfigen Hostwriter-Team aus China, Indien, Kamerun, Kolumbien, dem Libanon, Neuseeland, den Philippinen, Polen, Syrien und Uganda zusammengearbeitet. Ohne das große persönliche Engagement aller Beteiligten unter der Leitung von Tina Lee und einer gemeinsamen Lust an der grenzüberschreitenden Diskussion wäre dieses Buch nicht zustande gekommen.

Ein großer Dank geht zudem an David Schraven von „Correctiv“, der das Projekt von Beginn an vorbehaltlos unterstützt und diese Buchproduktion ermöglicht hat. Im Namen des gesamten Hostwriter-Teams wünsche ich Ihnen, liebe Leser*innen, eine erhellende, inspirierende und im besten Sinne vorurteils-befreiende Lektüre von „Unbias the News“!

Tabea Grzeszyk
Journalistin und Geschäftsführerin von Hostwriter

AUF DIE SPRACHE KOMMT ES AN

Englisch ist eine Weltsprache. Sie bringt uns näher zusammen, über kulturelle und nationale Grenzen hinweg. Oder etwa nicht? **TANYA PAMPALONE** hat da ihre Zweifel, auch wenn es um die Auslandsberichterstattung geht. Ein Erfahrungsbericht aus Südafrika, einem Land mit elf Amtssprachen.

Bei seiner Laudatio auf die oscarnominierte Comic-Verfilmung „Black Panther" landete Trevor Noah einen Witz, der für allgemeine Heiterkeit im Saal sorgte. Der Moderator der US-Satiresendung „The Daily Show" erzählte von seinen Erinnerungen an seine Kindheit in Wakanda - dem afrikanischen Fantasieland, in dem der Film spielt. Damals habe er gesehen, wie König T'Challa (Herrscher über das Film-Wakanda) über sein Dorf geflogen sei. Dabei habe er an ein altes Xhosa-Sprichwort denken müssen (die Sprache, die im Film für fiktive Dialekte benutzt wird, gibt es im Unterschied zum Land Wakanda tatsächlich). Trevor Noah zitierte das Sprichwort im Original „abelungu abayazi ukuba ndiyaxoka" und übersetzte es dann ins Englische: „In Zeiten wie diesen sind wir stärker, wenn wir gemeinsam kämpfen statt gegeneinander." Das Publikum war begeistert.

Der Gag richtete sich aber eigentlich an Menschen, die wie Trevor Noah selbst in Südafrika geboren sind und Xhoa – eine von elf südafrikanischen Amtssprachen – beherrschen. Und die müssen sich vor Lachen tatsächlich gebogen haben, als sie die Oscarnacht im Fernsehen verfolgten. Denn mit dem Satz hatte Trevor Noah Hollywood zwar zum Lachen gebracht, es aber eigentlich bloßgestellt. Die korrekte Übersetzung: „Die Weißen können ja nicht ahnen, dass ich sie gerade anlüge."

Im Namen aller, die eine afrikanische Sprache sprechen, nimmt dieser Witz also ein (meist ausschließlich) englischsprachiges, westzentrisches, „Whitewashing" betreibendes Milieu aufs Korn, das in Hollywood und in der Welt das Sagen hat. Der Spott trifft genau den Richtigen. Denn schließlich war das Englische selbst nie zimperlich beim Austeilen von Demütigungen und Schmerzen. Wie einfallsreich es dabei vorgegangen ist, führt der Journalist Jacob Mikanowski im „Guardian" unter dem Titel „Moloch, Drangsalierer, Dieb: Wie die englische Sprache die Welt erobert"[4] lustvoll vor. Der Sündenkatalog umfasst die Beschneidung des Zungengewebes von Koreaner*innen (um die weiche Aussprache der Konsonanten sicherzustellen) bis hin zur konsument*innenfreundlichen Bastardisierung des europäischen Romans in einer „bis zur Ungenießbarkeit verwässerten, weltweit verständlichen Schrumpfform des Englischen".

Ich selbst bin die Tochter eines Mannes, der mehrere Sprachen fließend beherrschte, sich aber weigerte, sie seinen Kindern beizubringen: Mein Vater – der Anfang der Fünfzigerjahre aus Nordafrika in die USA kam – ist das Kind italienischer Eltern, die zu Hause mit ihm nur Italienisch sprachen. Französisch war die Unterrichtssprache an seiner Schule, und Arabisch lernte er beim Spielen auf der Straße in Tunis, wo er seine Kindheit verbrachte. Mit uns Kindern wechselte er kein einziges Wort in diesen Sprachen, denn er legte großen Wert darauf, dass wir akzentfreies Englisch sprechen, um nicht als Einwander*innen erkennbar zu sein. Er glaubte, das sei in diesem Land das Beste für uns. Inzwischen habe ich selbst eine Tochter. Sie ist in Johannesburg aufgewachsen und lernt seit sechs Jahren Zulu in der Schule – die in Südafrika vor Xhosa am häufigsten vorkommende Muttersprache. Nur dass sie diese Sprache außerhalb des Unterrichts nie benutzt. Schuld daran ist weder, wie ich gerne glauben möchte, der Trotz, der jeden Teenager überfällt, noch die Tatsache, dass bei uns zu Hause Englisch gesprochen wird. Es liegt einzig und allein daran, dass in unserem Johannesburger Vorort schon auf dem Kinderspielplatz Englisch die Lingua franca ist. Ein befreundeter Journalist, selbst Zulu-Muttersprachler, gestand mir unlängst (es war ihm sichtlich peinlich), wie sehr er es bedauere, dass sein eigenes Kind sich weigere, mit ihm und überhaupt etwas anderes als Englisch zu sprechen. Irgendwann in den letzten 25 Jahren seit dem Ende der Apartheid ist es offenbar unter Schulkindern „uncool" geworden, eine der vielen afrikanischen Sprachen zu sprechen, jedenfalls in dem Stadtteil von Johannesburg, in dem ich wohne.

Aber ich bin Journalistin und von Berufs wegen gewohnt, mich gründlich und umfassend mit den Themen, über die ich schreibe, zu befassen. Daher bemühe ich mich, über, um über den Tellerrand meines eigenen Wohn- und Arbeitsumfelds hinauszublicken. Allerdings kann auch dabei die Sprache zum Problem werden. Denn die Sprache, in der ich denke und schreibe, zwingt mir ein Weltbild auf – indem sie mir ein Zerrbild der Welt vorspiegelt, die ich darzustellen versuche, sei es in schlichten Nachrichtenmeldungen oder bei der Ausbildung für die Nutzung der Medien.

Die Macht der Sprache

Aus dem von Kai Chan von der „INSEAD Innovation and Policy Initiative" 2016 erstellten „Power Language Index"[5] geht hervor, dass weltweit noch etwa 6.000 Sprachen in Gebrauch sind; nur 15 davon versammeln jedoch die Hälfte der Weltbevölkerung auf sich. Um zu ermitteln, wer von diesen Spitzenreitern die größte Sprachgemeinschaft umfasst und am weitesten verbreitet ist, entwickelte Chan eine Vergleichssystematik auf Grundlage von 20 Indikatoren, darunter Landfläche, Bruttoinlandsprodukt, Bildungseinrichtungen, diplomatischer Einfluss und Internetcontent.

Der Vergleich ergab, dass Englisch mit großem Abstand die von den meisten Menschen gesprochene Sprache ist, erst an zweiter Stelle folgt Mandarin, dann Französisch, Spanisch, Arabisch und Russisch. Das Ergebnis ist nicht unmittelbar einleuchtend – die Welt ist schließlich wirklich groß, und wieso kommt China mit seiner riesigen Bevölkerung erst an zweiter Stelle? –, aber der Index berücksichtigt im Unterschied zu den offiziellen Statistiken, dass Englisch sich so gut wie überall auf der Welt als Zweitsprache durchgesetzt hat. In Wirtschaft, Technologie, Wissenschaft und Tourismus hat es die Welt erobert – und allzu oft auch die Auslandsberichterstattung.

Das ist im „Global Investigative Journalism Network" (GIJN), bei dem ich als Chefredakteurin arbeite, nicht anders. Unsere virtuelle Zentrale befindet sich in den USA, unsere Auslandskorrespondent*innen schreiben ihre Texte und Social-Media-Feeds in acht verschiedenen Sprachen. Zusammengerechnet kommen wir im Kollegium auf mindestens zwölf Muttersprachen, aber im täglichen Umgang miteinander greifen wir ausnahmslos auf Englisch zurück.

In einer Untersuchung von 54 Millionen Meldungen und Berichten in 4.708 Nachrichtenorganen aus 67 verschiedenen Ländern fanden die

Wissenschaftler*innen Lei Guo und Chris J. Vargo 2015 heraus, dass die reicheren Länder nicht nur weltweit im Zentrum der Aufmerksamkeit stehen, sondern auch entscheidend dazu beitragen, welches Bild sich die anderen Länder von der Welt machen.[6]

Dass Englisch die Alleinherrschaft angetreten hat, hält mein Kollege Miraj Chowdhury, der aus Bangladesch berichtet, auch ohne wissenschaftliche Studien für zweifelsfrei erwiesen.

In Bangladesch, sagt er, gebe es zehn Zeitungen. „Fünf davon sind richtig gut, zwei davon haben eine Auflage von 500.000, die anderen drei kommen jeweils auf rund 300.000. Und dann gibt es noch den englischsprachigen ‚Daily Star' mit einer Auflage von gerade mal 50.000 Exemplaren. Aber weil er auf Englisch erscheint, bestimmt er darüber, wie Bangladesch vom Rest der Welt wahrgenommen wird." Dasselbe gilt aber, wie er einräumt, auch umgekehrt. „Wenn wir über etwas berichten wollen, was in Frankreich passiert, holen wir uns die Informationen nicht aus der französischen Presse, sondern aus der englischsprachigen. In Ländern wie Bangladesch bedeutet das: bei „CNN", der „BBC" und „Al Jazeera", in der „Washington Post", „New York Times" und im „Guardian", das sind die Quellen, die bei uns ganz hoch im Kurs stehen. Das sind die Medien, die das Narrativ weltweit bestimmen."

Lost in Translation

Mag sein, dass die Ausbreitung des Englischen und damit die des westlichen Narrativs unaufhaltsam voranschreitet. Aber in Ländern wie Bangladesch führt dennoch die Mehrheit der Menschen Englisch nicht im Portfolio, wodurch ihnen der Zugang zu allerhand Berufen versperrt ist und ihnen viele andere Ungleichheiten auf dem Weg dorthin beschert.

„Wer kein Englisch spricht, kann auch nicht mit anderen Journalist*innen (außerhalb von Bangladesch) zusammenarbeiten, Technologien nutzen oder Interviews mit Menschen aus dem Ausland führen", sagt Chowdhury. „Ohne Englisch hat man keinen Zugang zu Wissen, Hilfsmitteln und Informationen wie Reiseführern, die einem die Auslandsreise erleichtern; auch die guten journalistischen Lehrbücher sind fast alle auf Englisch verfasst."

Die Sache mit dem Englisch-Handicap kommt den russischen Machthabern äußerst gelegen, weiß die Russlandredakteurin von GIJN, Olga Simanovych. „Die amtlichen russischen Staatsmedien können das eigene Volk mit ihrer eigenen Version der Geschichte versorgen", sagt sie – ohne wie China erst eine Firewall zu bauen, auch wenn diese geplant ist.[7]

Die Herrschaft des Englischen führt aber auch dazu, dass eine Geschichte erst dann wirklich Fahrt aufnimmt, wenn sie in der englischsprachigen Presse erscheint. Dass russische Journalist*innen bereits 2013 eine Trollfabrik in Sankt Petersburg entlarvt hatten, als diese noch damit beschäftigt war, die Meinung im eigenen Land zu beeinflussen und noch nicht den amerikanischen Wahlkampf, erfuhr die Welt erst, als ihre amerikanischen Kollegen Ben Nimmo und Aric Toler darüber berichteten.[8] (Anders gesagt: Was in Russland geschieht, bleibt, vor allem wenn es auf Russisch geschieht, außerhalb des Landes so lange unbemerkt, bis es für Amerika relevant wird.)

Dass Berichte aus Ländern des reichen Nordens nicht die ihnen gebührende Beachtung finden, hat natürlich auch noch andere Gründe als rein sprachliche. Wie Journalistikprofessor Jay Rosen im Zusammenhang mit der Berichterstattung über die Gupta-Brüder in der südafrikanischen „Daily Maverick" und den Umgang mit den Investigativjournalist*innen von amaBhungane bemerkt, die zur Entlarvung des Korruptionsskandals beigetragen haben, „kann die „New York Times" recht knauserig mit der Anerkennung umgehen, die sie anderen für deren grundlegende Arbeit schuldet".[9] Immerhin wurden die #GuptaLeaks-Reporter*innen im eigenen Land bei den „Sikuvile Journalism Awards" für ihre Arbeit mit einem der wichtigsten Preise ausgezeichnet; die meisten ihrer einheimischen Kolleg*innen gingen dagegen mit leeren Händen aus.[10]

Nach der Preisverleihung im vergangenen Jahr machte Unathi Kondile, der Herausgeber der Xhosa-sprachigen Zeitung „I'solezwe lesiXhosa", darauf aufmerksam, dass bei den „Sikuviles" – Xhosa für „wir hören dich" – keineswegs „gehört" werde, was die Presse in den Landessprachen zu sagen habe.[11]

„Für uns ist das Ganze die reine Zeitverschwendung", so Kondile. „Die Jury kann ohnehin nur Artikel wirklich beurteilen, die auf Englisch oder Afrikaans veröffentlicht wurden. Magazine in einer der anderen Landessprachen sind eigentlich noch nie für einen Preis nominiert worden, jedenfalls nicht in der Kategorie Text. Was sollen wir uns da die Mühe mit der Bewerbung machen?"

Chowdhury, der aus Dhaka berichtet, weiß ziemlich genau, wovon Kondile da spricht. Die meisten Bewerbungsunterlagen für die Teilnahme an internationalen Journalismuskonferenzen oder für Stipendien müssen auf Englisch eingereicht werden. Das ist auch bei den globalen Konferenzen von GIJN nicht anders, die größtenteils auf Englisch und der Landessprache am Veranstaltungsort abgehalten werden.

„Man liest die Bewerbungen für das Stipendium und ist beeindruckt von dem fantastischen Englisch, das manche schreiben können", sagt Chowdhury. „Das führt schnell einmal dazu, dass andere durchs Raster fallen, die zwar vielleicht die besseren Journalist*innen sind, sich aber auf Englisch nicht so gut verkaufen können."

Es ist nicht viel Fantasie vonnöten, um sich vorzustellen, welche Rolle die Beherrschung des Englischen bei einem solchen Auswahlprozess spielt. Wenn Sie darüber zu entscheiden haben, wer das Stipendium – oder den Preis oder die Chancen – bekommt, und die Bewerbungen von Muttersprachler*innen gegen die halten, die von jemandem geschrieben wurde, für den oder die Englisch eine Zweit- oder Fremdsprache ist, was glauben Sie, wie die Sache ausgeht? Jedenfalls wenn Sie sich diese offenkundige Benachteiligung nicht bewusst gemacht haben und nicht in Ihre Entscheidung einfließen lassen.

Englisch ist nicht gleich Englisch

Soweit der grobe Überblick. Aber die Dominanz des Englischen hat für unser Handwerk noch viel kleinteiligere Folgen, die leicht übersehen werden. Wenn wir auf Englisch schreiben, wirkt sich das von vornherein darauf aus, worüber wir berichten, mit wem wir sprechen, wie wir unsere Interviews führen, welche Fragen wir stellen. Und schließlich – den Hinweis verdanke ich Kwanele Sosibo, Senior Editor beim südafrikanischen „Mail & Guardian" – auch darauf, ob wir genau das sagen, was wir eigentlich sagen wollen. Die Präzision unserer Wortwahl kann leiden, wenn wir als Nichtmuttersprachler*innen einen englischen Text schreiben, der auf Gesprächen beruht, die wir auf Englisch mit anderen Nichtmuttersprachler*innen geführt haben, die uns, auch das kommt vor, manchmal etwas, was eine dritte Person, mit der sie sich in einer weiteren Fremdsprache unterhalten haben, ins Englische übersetzt wiedergeben. Klingt kompliziert? Ist es auch.

„Es wird ja nicht überall ein und dasselbe Englisch gesprochen", sagt Sosibo. „Und ich finde, das sollte man einem Text auch anmerken dürfen. Auch die Leser*innen haben ja ein Recht darauf, sich an dieser

Vielfalt zu erfreuen. In der mündlichen Kommunikation herrscht doch meist ein buntes Kauderwelsch: Wir wechseln mitten im Satz hin und her oder streuen hier und da ein Wort in unserer eigenen Sprache ein. Von den Journalist*innen erwartet man aber, dass sie eine gehobene Schriftsprache benutzen, sodass bestimmte Ausdrücke oder Eigenarten einfach wegfallen, wenn der Text ins Englische übersetzt wird. Das ist entstellend, vor allem bei wörtlichen Zitaten. Manche Dinge sind einfach unübersetzbar. Man sollte sie trotzdem stehen lassen, dann müssen die englischen Muttersprachler*innen halt auch mal ein Wort nachschlagen und sich dem Standpunkt annähern, von dem aus der Text geschrieben ist."

Wie gesprochene Sprache zu klingen hat und was Stil ausmacht, habe ich in meinen Zwanzigern in Los Angeles von Greg Critser lernen dürfen, dem damaligen stellvertretenden Chefredakteur des „Buzz Magazine".

Um mir von ihm abzuschauen, wie man aus einem Text einen richtig guten Text macht, bot ich ihm an, seine Änderungen, die er handschriftlich direkt auf die Faxseiten schrieb, auf denen die Artikel eingetroffen waren, abzutippen. So konnte ich mir genau ansehen, mit welchen Eingriffen es ihm gelungen war, einem Text mehr Schärfe und Tiefe zu verleihen, ohne ihm dabei seine eigene, also eine fremde Stimme aufzuzwängen. „Geh bloß nie zu einer Tageszeitung", warnte er mich. „Die lassen dich eh nicht schreiben, wie du willst."

Dann kam die Krise auf dem Zeitschriftenmarkt, und ich war gezwungen, zur dunklen Seite überzulaufen. Allerdings mit dem festen Vorsatz, eine gute Redakteurin zu werden. Eine, die Texten nicht ihre Individualität und ihren Charakter raubt, sondern das Beste aus ihnen herausholt. Dafür höre ich auf ihren Klang, ihren Rhythmus und darauf, was die Autor*innen eigentlich haben sagen wollen und was im Falle von Übersetzungen manchmal nur zwischen den Zeilen zu erahnen ist.

Diese Überlegungen kann sich heute eigentlich niemand von uns mehr ersparen. Denn das Englische ist „kein einheitlicher, monolithischer Block" mehr, wie der Linguist Edgar W. Schneider in „World Englishes" schreibt, sondern besteht aus vielen „verwandten, strukturell überlappenden oder auch stark voneinander abweichenden Varianten, das Produkt eines grundlegenden ‚Glokalisierungsprozesses', der in unterschiedlichen Kontexten ganz unterschiedliche Resultate hervorbringt".[12]

Vielleicht waren meine Lehrjahre in Los Angeles mit den vielen unterschiedlichen Stilrichtungen und Stimmen des Englischen also doch keine verlorene Zeit.

Den Mond anheulen

Ich bin mir nicht sicher, ob es einen Weg zurück aus der überwältigenden Dominanz des Englischen gibt. Mikanowski hält es jedenfalls für ein absolut aussichtsloses Unterfangen, sich dem weiteren Vormarsch dieser Sprache in den Weg zu stellen: „Genauso gut könnte man den Mond anheulen." Und obwohl mir die Erhaltung der Sprachenvielfalt ausgesprochen wichtig ist, fällt mir kein gutes Argument gegen eine Weltsprache ein, in der wir uns alle unterhalten können. Schließlich ist das immer noch besser, als wenn wir Siri mit ihrem – zumindest im Augenblick noch unerträglichen Google-Translate-Gebrabbel – für uns sprechen lassen.

Was können wir also tun, um einige Probleme abzumildern, die mit der Weltherrschaft des Englischen einhergehen? Wir können die Ohren aufsperren. Mehr zuhören. Aufmerksamer zuhören. Den Blick schärfen. Den Kontext mitbedenken. Immer wieder nachfragen. Respektvoll mit denen umgehen, die eine andere Muttersprache haben. Das Tempo runterfahren. Mehr Zeit im Feld verbringen. Uns immer mal wieder daran erinnern, dass es mehr als ein einziges richtiges Englisch gibt. Doch vor allem sollten wir endlich damit anfangen, unsere eigene Sprache kritisch unter die Lupe zu nehmen. Dass sie zu den vielen unverdienten Privilegien gehört, die uns zugefallen sind, fällt uns dann hoffentlich allmählich auf.

EIN GROSSER NAME MACHT NOCH KEINE GROSSE NACHRICHT

Qualitätsjournalismus wird gefördert. Vor allem, wenn er in renommierten Medien mit großer Reichweite erscheint. Für Freelancer*innen im Lokaljournalismus kann das zur Zwickmühle werden. Der nigerianische Umweltjournalist **KOLAWOLE TALABI** schildert ein moralisches Dilemma.

Mit meiner ersten Reportage landete ich gleich einen ganz großen Coup: Die „Nigerian Tribune", eine der führenden Tageszeitungen des Landes, wollte sie drucken. Ich hatte damals außer ein paar Texten für ein lokales Internetportal, die in einer Kolumne einer beliebten nigerianischen Tageszeitung zweitverwertet wurden, noch nichts vorzuweisen. Die Vorstellung, dass meine Familie am Wochenende beim Lesen ihrer Lieblingszeitung auf eine Schlagzeile stoßen würde, die ich selbst geschrieben hatte, haute mich um. Aber das war nicht das Einzige, was mich mit Stolz erfüllte. Für die Reportage hatte ich nämlich zuvor ein Stipendium von der „Bill & Melinda Gates Foundation" erhalten, auch das eine schier überwältigende Premiere. Mit der stolzen Summe von 7.000 Dollar und einem Mentoringprogramm durch ausländische Fachleute unterstützte sie meine Recherche über die Auswirkungen der mangelhaften Wasserversorgung auf die Gesundheit der Bevölkerung in zwei westafrikanischen Städten. Entsprechend legte ich mich ins Zeug, produzierte ungefragt noch Multimediaclips und arbeitete Tag und Nacht, um den Abgabetermin einzuhalten.

Als namenloser Freelancer waren meine Chancen, bei der „Nigerian Tribune" unterzukommen, eigentlich gleich null. Aber beeindruckt von der enormen Fördersumme, mit der eine renommierte Stiftung ein Greenhorn wie mich unterstützt hatte, vermittelte ein alter Kontakt von mir – der den Chefredakteur des Blattes kannte – mich an ihn weiter. Alle Versuche, die ich vorher unternommen hatte, um meine Geschichte in einer der vielen Tageszeitungen unterzubringen, waren ins Leere gelaufen. Kein Mensch wollte das Risiko der Zusammenarbeit mit einem blutigen Anfänger eingehen. Ich wusste zwar, dass ich etwas anzubieten hatte. Aber keiner wollte es haben.

Mit Stipendien erhalten Journalist*innen die Möglichkeit, über Themen zu schreiben, die noch relativ unbekannt sind. Wie ich herausfinden durfte, öffnen sie einem auch die Tür in die Redaktion eines Marktführers unter den Zeitungsverlagen. Trotzdem richten sich die meisten Förderprogramme an bereits etablierte Journalist*innen, die Artikel in Zeitungen wie der „New York Times" oder dem „Economist" nachweisen können. Dahinter steht der Gedanke, dass sich die Investition in Texte, die von Edelfedern in großen Blättern veröffentlicht werden, mehr lohnt, weil sie ein Massenpublikum erreichen und insofern mehr Wirkung entfalten.

Das stimmt natürlich. Aber es bedeutet auch, dass der Nachwuchs, der von einer Förderung am meisten profitieren könnte, außen vor bleibt, während Journalist*innen, die bereits fest im Sattel sitzen, die Möglichkeit zu noch größerer Prominenz erhalten. Das Förderprinzip bringt darüber hinaus das Problem mit sich, dass es Themen gibt, die für die Veröffentlichung in auflagenstarken Zeitungen mit nationaler Verbreitung nicht geeignet sind, weil sie nur für ein lokales oder regionales Publikum (dort aber in der Tat) von entscheidender Bedeutung sind. Dass bei der Vergabe von Stipendien das „Who is Who"-Prinzip über dem Kriterium steht, welchen Wert eine Reportage für die – und sei es relativ kleine – Öffentlichkeit hat, wirkt sich daher nicht nur nachteilig auf den journalistischen Nachwuchs aus, sondern auch auf die Information der Bevölkerung und die Medienbranche insgesamt.

Die Entscheidung über das Stipendium für meine Wasserreportage wurde dagegen ausschließlich auf der Grundlage der Qualität der Idee und der Begründung für den eingereichten Themenvorschlag getroffen. Ich ging mit einem Exposé meines Vorhabens und einem Link zu einem einzigen bereits veröffentlichten Artikel von mir ins Rennen. Die Fördermittelvergabe war bewusst niedrigschwellig angelegt, um möglichst vielen offenzustehen. Es gab keinen langen Anforderungskatalog von Qualifikationen und Preisen, die man hätte nachweisen müssen und die die Chance auf eine Teilnahme am Programm vermindert hätten.

Aber das ist die Ausnahme von der Regel. Das „Pulitzer Center" in den USA vergibt Stipendien für die „Förderung einer globalen Perspektive in der Berichterstattung an Medienschaffende aus allen Ländern". Jährlich erhalten Reporter*innen oder Redaktionen, die meist für amerikanische Mainstream-Medien arbeiten, Förderung in Höhe von insgesamt rund zwei Millionen Dollar. Die Liste der Medienpartner umfasst die ganz großen Namen aus der Branche, etwa „Time", „National Geographic" und den „New Yorker". Im Augenblick läuft das Bewerbungsverfahren für den „Rainforest Journalism Fund". Wie den Teilnahmebedingungen zu entnehmen ist, müssen die Bewerbungsunterlagen auch einen Vertriebsplan für einen der großen Zeitungsverlage enthalten. Ich zitiere:

*„Die eingereichten Projekte müssen einen glaubwürdigen Plan für die möglichst große Verbreitung der Ergebnisse in den US-amerikanischen und/oder europäischen Nachrichtenmedien enthalten. Die Antragstellenden sollten das Interesse von Redakteur*innen und/oder Produzent*innen, die in auflagenstarken US-amerikanischen und/oder europäischen Nachrichtenmedien arbeiten, nachweisen können. Die Glaubwürdigkeit eines Distributionsplans zeigt sich in der Regel am deutlichsten an der Erfolgsbilanz eines*r Bewerber*in in der Zusammenarbeit mit den im Folgenden aufgeführten Medien."*

Diese Fixierung auf die großen Namen der Branche, seien das nun individuelle Medienschaffende oder Verlage, deckelt die journalistische Arbeit vor Ort – besonders in Gesellschaften – die sich gerade erst auf den Weg in die Demokratisierung gemacht haben und deren Medienentwicklung noch in den Kinderschuhen steckt. Ob angesichts der sich schnell wandelnden Medienlandschaft von heute die Mainstreammedien wirklich noch die Spitzenreiter sind, mit denen sich die beste Reichweite erzielen lässt, darf bezweifelt werden. Zu dieser Erkenntnis bin ich vor drei Jahren durch zwei miteinander verknüpfte berufliche Erfahrungen gekommen.

Für eine Reportage über Biodiversitätsverlust erhielt ich 2016 ein Stipendium vom „Earth Journalism Network", vergeben von „Internews", einer internationalen Non-Profit-Organisation. Ihr selbstbekundetes Ziel lautet, „Menschen auf der ganzen Welt durch vertrauenswürdige, qualitativ hochwertige Nachrichten und Informationen zu stärken, auf deren Grundlage sie fundierte Entscheidungen treffen, soziale Partizipation ausüben und Machthabende zur Verantwortung ziehen können". Die

Rede von Empowerment und gesellschaftlicher Teilhabe ist kein leeres Wortgeplänkel, denn wie ich im Laufe meines Bewerbungsverfahrens feststellen konnte, geht es der NGO im Gegensatz zum „Pulitzer Center" tatsächlich um Inklusion. In den Bewerbungsunterlagen war als Referenz eine Redaktion anzugeben, die die Reportage veröffentlichen würde. Die renommierten internationalen Plattformen zeigten kein Interesse, also beschloss ich, mich mit einem kleinen nigerianischen Portal zu begnügen. Kaum hatte ich das Stipendium in der Tasche, versuchte ich es dann noch mal bei den internationalen „big names".

Es hagelte eine Absage nach der anderen, manchmal mit, manchmal ohne Begründung. Aber da ich mir in den Kopf gesetzt hatte, in die großen Mainstreammedien zu kommen, ließ ich mich davon nicht unterkriegen. Als der Text fertig war, versuchte ich es ein letztes Mal. Ich schickte ihn an einen Redakteur bei dem auf Umweltthemen spezialisierten amerikanischen Onlinemagazin „Mongabay", der meine Story in einer früheren Fassung abgelehnt hatte. Jetzt nahm er sie an. Gemessen an der Zahl der Kommentare stieß sie auf großes Interesse und Resonanz bei der Leserschaft – bloß, dass kein einziger Kommentar aus Nigeria darunter war.

Mit meiner nächsten Reportage klopfte ich also wie ein reumütiger Sünder wieder bei dem nigerianischen Portal an, dem ich damals den Rücken gekehrt hatte. Es war mir plötzlich nicht mehr so wichtig, meine Reportage bei einem international renommierten Onlineportal unterzubringen und globale Sichtbarkeit zu erlangen. Und obwohl mein Text diesmal ohne die Unterstützung eines medialen Global Players und die damit gewöhnlich verbundene finanzielle und technische Unterstützung auskommen musste, wurde er mit dem ersten Preis für „Best Audience Engagement" in einem internationalen Journalismuswettbewerb ausgezeichnet, mit dem eine Pressereise durch die führenden Medienunternehmen in den USA verbunden war. Das gab mir die Chance, mich beim Schreiben meines nächsten Stücks ausschließlich auf die relevanten Fragen „wer, warum und wie" zu konzentrieren, ohne an vertragliche Klauseln gebunden zu sein, die gewöhnlich mit der Fördermittelvergabe internationaler Stiftungen für die lokale Berichterstattung einhergehen, und ohne ständige Einmischung einer ausländischen Redaktion, der es an tieferem Einblick in nigerianische Verhältnisse und die thematischen Details mangelt. Die Erfahrung hat meine Sicht auf das Leben als Freelancer grundlegend verändert.

Natürlich spielen Medienorganisationen wie das „Pulitzer Center" mit ihren großen Medienpartnern eine bedeutende Rolle. Aber es ist ebenso wichtig, dass die Medienbranche sich stark macht für die Chancengleichheit all jener, denen es an internationalem Einfluss mangelt. Einige Entwicklungen der letzten Zeit deuten darauf hin, dass in dieser Hinsicht auch tatsächlich etwas in Bewegung zu kommen scheint. Das „Pulitzer Center" hat angekündigt, ab Ende 2019 Stipendien auch an lokale oder regionale Plattformen aus Afrika und Asien zu vergeben. Das mag in der Gesamtbiografie der Organisation nur eine winzige Fußnote sein. Aber dennoch ist es dankenswert, dass sie damit Journalist*innen, die sonst keine Chance auf Sichtbarkeit und Teilnahme am Programm hätten, nun zumindest Chancen auf Förderung einräumt. Das „Pulitzer Center" signalisiert damit seine Bereitschaft, einen Beitrag zur Herstellung einer inklusiven Medienlandschaft zu leisten, die sich nicht mehr durch Regularien oder geografische Grenzen auseinanderdividieren lässt.

RAUBTIERE IM NEWSROOM

Sexismus ist ein Systemproblem – auch im Journalismus. Die indische Journalistin **ANURADHA SHARMA** fragt sich, wo sie in ihrer Karriere stehen würde, wenn es keine ständige Behinderung und sexuelle Belästigung durch männliche Kollegen gäbe.

Meine Karriere als Journalistin war zum Scheitern verurteilt, weil ich kein Mann bin. Letztes Jahr gestand ich mir diese Wahrheit zum ersten Mal ein, nachdem ich vor über sieben Jahren meine feste Stelle als Journalistin gekündigt hatte und mich notgedrungen auf ein Leben als Freelancerin einließ.

Es erstaunt mich jetzt – oder vielleicht auch nicht –, dass ich das all die Jahre nicht wahrhaben wollte. Ich wollte mich nicht als Opfer sehen; ich war eben eine Spielernatur und liebte das Risiko. Jedes Mal, wenn ich anderen erzählte: „Ich habe mich selbstständig gemacht, weil man da viel mehr Freiheit hat, und interessanter ist es auch", habe ich ihnen und mir selbst etwas vorgemacht. Eigentlich war ich auf der Flucht. Auf der ständigen Flucht vor rücksichtslosem männlichen Verhalten und dem Patriarchat in den Redaktionen. So hatte ich mir den Job nicht vorgestellt, als ich mit Idealismus und einem Koffer voller Träume losmarschiert war.

Im Jahr 2002 begann ich, als Journalistin in meiner Heimatstadt Shiliguri zu arbeiten. Shiliguri ist eine Handelsstadt im Nordosten Indiens, damals gab es nur zwei Journalistinnen in der Stadt. In Kleinstädten hatten Frauen gerade erst angefangen, in männliche Bastionen vorzudringen – was sich daran zeigte, dass es in Redaktionen noch keine Damentoiletten gab. Für uns war das kein Ding – schließlich waren wir froh, dass wir, Frauen aus der Kleinstadt mit echten Berufen, die männliche Welt des Journalismus erobert hatten. Ein Kampf für das Recht auf eigene Toiletten oder gar eigene Verantwortlichkeitsbereiche wäre zu riskant gewesen.

Ich kam aus einem liberalen, rein weiblichen Haushalt und lernte nun in den Nachrichtenredaktionen das Patriarchat kennen. Verbrechen, Politik, Sport, meistens auch Wirtschaft – das waren die wichtigen Ressorts, die natürlich Männern vorbehalten waren. Frauen machten die „weiblichen" Ressorts und schrieben die „soft storys". Das Patriarchat am Arbeitsplatz sorgte dafür, dass Frauen da blieben, wo sie angeblich hingehörten.

Habe ich mich beschwert? Nein. Hätte eine junge Frau in ihren frühen Zwanzigern den Status quo infrage stellen können? Mein internalisiertes Patriarchat verwies mich „in meine Schranken". Ohne die Dinge direkt beim Namen zu nennen, habe ich versucht, etwas an der Situation zu ändern. Ich ließ keine Gelegenheit aus, um die „harten Nachrichten" zu bekommen – in einer kleinen Stadt und einer kleinen Redaktion boten sich solche Chancen, besonders wenn die Männer Urlaub machten. Anerkannt wurde meine Arbeit aber nicht, auch wenn meine Artikel wichtig genug für die Titelseiten waren.

Es ist wohl ein speziell männliches Talent, einer Frau konsequent ihren Platz streitig zu machen. Mein unmittelbarer Vorgesetzter in unserem winzigen Vier-„Mann"-Büro – nennen wir ihn Raubtier 1 –, hielt es für sein gutes Recht, auch seinen Namen unter meine größeren Artikel zu setzen. Warum? „Weil ich auch da war." Das stimmt, er war immer da, wo ich hinging – Ausstellungen, Pressegespräche, Konferenzen. Als typisches Raubtier war er mir immer auf der Fährte – mehr dazu später. Wenn ich mich hinsetzte, um einen Artikel über Politik zu schreiben, fing er an herumzuhüpfen: „Die Geschichte mache ich!"

Eines Tages tauchte er nach mir auf der Pressekonferenz eines Lokalpolitikers auf. Als ich später mit dem Artikel anfing, stoppte er mich. „Ich mache die Geschichte. Das ist Politik, und Politik ist mein Ding." Etwas später: „Ich bin hier der Chef."

„Warum hast du mir dann den Auftrag gegeben?" Ich war wütend. „Weil du Nepali sprichst."

Er hatte mich reingelegt: Der Politiker sprach Nepali; ich sollte nur zu der Pressekonferenz, weil ich als Einzige im Büro Nepali konnte und mich mein Chef für die Übersetzung brauchte. Er vermittelte mir, dass die Story zu groß für mich war, nachdem ich mehrere Jahre als Journalistin gearbeitet hatte und, bevor er zu uns gekommen war, zur Teamleiterin und Hauptstadtkorrespondentin für Politik aufgestiegen war. Er war ein totaler Außenseiter, der weder die Sprache vor Ort beherrschte noch die leiseste Ahnung von hiesiger Politik hatte; dennoch nahm er für sich in Anspruch, die wichtigen Artikel selbst zu schreiben.

Was ist schlimmer – wenn dir dein Chef bei der Arbeit Steine in den Weg legt, oder wenn er dich stalkt und bei dir zu Hause auftaucht, selbst wenn du nicht da bist?

Raubtier 1 suchte tatsächlich meine Freund*innen und Bekannten heim und fragte sie aus – mit wem ich mich so treffen würde, wer war denn an der Scheidung schuld, wie war das nochmal beim Tod meines Vaters? Wenn ich bei der Arbeit Land unter hatte, fand er, dass es seine Pflicht sei, bei meiner Familie „vorbeizuschauen".

Ich beschwerte mich bei meinen leitenden Vorgesetzten im 600 Kilometer entfernten Kolkata. Keine Reaktion. Dann machte ich mich aus dem Staub und versuchte, mich an meine Würde zu klammern wie eine Ertrinkende, die sich an einem Strohhalm festhält. Ich kündigte; er blieb auf seinem Posten.

Danach zog ich nach Kolkata und übernahm einen Bürojob bei meinem früheren Chef, für den ich vor Jahren als Praktikantin gearbeitet hatte. Ich hatte zu ihm aufgeschaut, er war mein Mentor, heute würde ich eher sagen: Er war „Raubtier 2".

Das Besondere an Raubtieren ist, dass sie ihre Beute schon von Weitem riechen. Raubtier 2 war raffiniert. Er war mein „Erlöser", er „half" mir mit einem Jobangebot, das mich letztlich nicht nur in finanzieller Hinsicht degradieren sollte, vor dem Untergang. „Das ist eine Rettungsaktion, meine Liebe. Mehr ist beim besten Willen nicht drin", sagte er, ohne dass ich ihn um irgendetwas gebeten hätte.

Ich habe sein Angebot nicht infrage gestellt, obwohl ich mich übers Ohr gehauen fühlte. Ich hielt den Mund und arbeitete und behandelte Raubtier 2 mit dem schuldigen Respekt. Aber er erwartete eindeutig mehr „Dankbarkeit". „Wann hattest du das letzte Mal wilden Sex?", lautete eine SMS aus heiterem Himmel. Als ich einmal in die Arbeit vertieft an einem

Seitenlayout saß, massierte er mir plötzlich den Nacken. Danach achtete ich darauf, alles Private bei Gesprächen mit ihm außen vor zu lassen.

Aber Raubtier 2 war kein Mann, dem frau einen Korb geben durfte. Er rächte sich: Als ich ein begehrtes Stipendium in den USA bekommen hatte, gab er mir keinen Urlaub. Da wurde mir klar, warum einige Kolleginnen über seine krassen Witze lachten oder nichts sagten, wenn er sie mit „lasyamayi" („sexy" auf Bengali) ansprach oder ihnen sogar über den Nacken strich.

Eine Kollegin, die im Büro immer weite Sportkleidung trug, erzählte mir Jahre später, dass sie sich vor ihm verstecken wollte. „Ich wollte einfach unsichtbar sein." Die von Bösartigkeit begleitete Widerlichkeit von Raubtier 2 verbreitete sich im Büro auf verschiedenen Ebenen und vergiftete die Atmosphäre. Alle misstrauten sich gegenseitig. Meine Arbeit litt, mein Seelenfrieden war dahin.

Nach knapp drei Jahren kündigte ich. Diesmal ohne einen Job in der Tasche. Nachdem ich vom Regen in die Traufe gekommen war, stürzte ich mich in die Freiberuflichkeit.

Als ich eines Abends – noch unter der Feudalherrschaft von Raubtier 2 – an der Überarbeitung eines politischen Artikels saß, rief mich jemand an und fragte nach „Marienkäfer". Danach ein weiterer Anruf und noch einer. Die Anrufe hörten nicht auf, besonders nachts hatten viele das dringende Bedürfnis, mit „Marienkäfer" zu sprechen. Erst als mich jemand „Wie viel nimmst du?" fragte, wurde mir klar, dass es um Sex ging und mich die Anrufer für eine Sexarbeiterin hielten.

Irgendjemand hatte überall in der Öffentlichkeit meine Telefonnummer hingekritzelt, und daneben „Marienkäfer" geschrieben – an die Wände von Toiletten (am häufigsten), Bahnsteigen und Abrisshäusern. Ich begann, die Anrufe zurückzuverfolgen, und alles deutete auf Raubtier 1 hin: Der erste Anrufer war aus Shiliguri, er hatte meine Nummer von der Toilettenwand eines Restaurants in der Nähe meines früheren Büros. Es gab Anrufe aus Delhi, als sich Raubtier 1 Kolleg*innentratsch zufolge dort aufhielt. Irgendwann konfrontierte mein Schwager Raubtier 1 mit meinem Verdacht. Mein Ex-Chef gab kommentarlos zu, dass er für die Schmierereien verantwortlich war. Das war sein „Racheporno" – keine Ahnung, wofür – mit einer Armee sexhungriger Männer, die mich bedrängten. Er hatte die sexuelle Belästigung outgesourct.

Ich änderte meine Telefonnummer und nahm hin, dass ich dadurch meine beruflichen Kontakte zu Quellen verlor. Erst vor Kurzem habe ich meine alte Nummer reaktiviert. Zehn Jahre müssten eigentlich reichen, um so eine Sache durchzustehen, aber hin und wieder bekomme ich immer noch „Marienkäfer"-Anrufe.

Dann passierte im Oktober 2018 etwas Wunderbares in der indischen Medienwelt. Die Frauen fingen an zu reden. Kurz nachdem Bollywood-Schauspielerin Tanushree Dutta öffentlich gemacht hatte, dass sie von der Schauspielerlegende Nana Patekar sexuell belästigt worden war, beschrieb die Journalistin Sandhya Menon auf Twitter, welche Qualen sie wegen ihrer männlichen Kollegen durchlitten hatte. Der Damm war gebrochen. Scharenweise berichteten Medienfrauen nun in der Öffentlichkeit von ihren schrecklichen und schmerzlichen Erlebnissen. Indien hatte jetzt einen eigenen #MeToo-Sturm.

Vor den Augen eines Post-Weinstein'schen Publikums wurden nun, einer nach dem anderen, Topnamen in der Branche und angesehene Redakteure öffentlich bloßgestellt. An erster Stelle stand M. J. Akbar, der legendäre Redakteur, der in der Vergangenheit an der Gründung zweier großer indischer Zeitungen mitgewirkt hatte und zum Staatsminister im Außenministerium aufgestiegen war. Nun berichteten Frauen von seinen schrecklichen Taten – Machtmissbrauch, Belästigung, Vergewaltigung. Er musste von seinem Amt zurücktreten. Auch Raubtier 1 wurde genannt und mit seinem herabwürdigenden Spruch, den er in der Redaktion gerne anbrachte, zitiert: „Wenn ich einen Fehler finde, ziehe ich dir dein Höschen herunter!"

Die #MeToo-Bewegung habe ich lange Zeit nicht beachtet. Als Ehefrau und Mutter zweier Kinder, die gleichzeitig versuchte, ihren Beruf als Journalistin nicht aufzugeben, hatte ich genug zu tun. Ich brauchte lange, um die neuen Entwicklungen zu verarbeiten. Als ich mich mit anderen aus unserem „Network of Women in Media, India" (NWMI) auf WhatsApp unterhielt, hatte ich wohl gerade einen schwachen Moment, und da erwischte es mich mit voller Wucht. Die Wahrheit sprang mich an, Erinnerungen strömten auf mich ein und meine ganze Selbstsicherheit zerplatzte in tausend Stücke.

Als ich 2011 kündigte – nachdem ich ein Jahrzehnt gut und gerne als Reporterin und fleißige Lektorin gearbeitet hatte – war ich eine Frau, die versuchte, ihre Würde zu bewahren, und nicht die neue Freelancerin auf Adrenalin. Ich konnte vor dieser Tatsache nicht länger weglaufen.

Die ganze Zeit über hatte ich es verdrängt. Ich habe mich nicht als Opfer gesehen, als ich meine beiden Jobs kündigte. Ich war eine Angeberin, die die Lust auf Freiheit, Abenteuer und Selbstbestimmung vor sich hertrug und die Haltung, dass ich mir vom Verhaltenskodex, der für „normale" Menschen galt, nichts vorschreiben lassen musste. Ich wollte nicht, dass die Raubtiere, meine Raubtiere, dachten, dass sie gewonnen hätten und ich mich von ihnen unterkriegen lasse. Und ich wollte der Welt auch beweisen, dass ich großartige Sachen mache. Bei mir war alles okay.

#MeToo hielt mir den Spiegel vor, und zum ersten Mal sah ich mich als Opfer. Zum ersten Mal dachte ich über den Menschen nach, der ich hätte sein oder werden können, wenn da nicht diese Belästigungen gewesen wären.

Zum ersten Mal dachte ich an die Karriere, die ich gemacht hätte, wenn ich ein Mann wäre.

DURCH DIE BRILLE DES ORIENTALISTEN

Seit 2001 geistert das Schlagwort von der „Befreiung der Frauen am Hindukusch" durch die Afghanistan-Berichterstattung westlicher Medien. Der Journalist **EMRAN FEROZ** erklärt, warum er dieses orientalistische Märchen wirklich nicht mehr hören kann.

Dass Reportagen nicht immer die Wirklichkeit abbilden, sondern sie häufig erst erschaffen, dürfte inzwischen allgemein bekannt sein. Auch dass das Bild, das sie von der Realität zeichnen, eng mit dem Weltbild ihrer Verfasser*innen verknüpft ist, ist kein Geheimnis. Das ist bei jedem Text so und bei Reportagen nicht anders. Nur erweist sich in Anbetracht der Affäre um den ehemaligen „Spiegel"-Journalisten Claas Relotius, der einige seiner Reportagen frei erfunden hat, das Feld der Reportage als besonders lohnenswert, diesen Zusammenhang einmal genauer zu betrachten. Vor allem, wenn die Verfasser*innen eines sind: weiß und privilegiert. Erst dann tritt nämlich in aller Deutlichkeit zutage, dass der Journalismus ein Systemproblem hat. Es betrifft die Art und Weise, wie Reportagen und Geschichten zustande kommen. Und es betrifft das Weltbild, das viele Journalist*innen in westlichen Medien bedienen.

Deutlich wird das an einem Beispiel aus dem Sommer 2010, das es zu großer Bekanntheit gebracht hat. Die amerikanische „Time" veröffentlicht ein Titelblatt mit dem Foto der damals achtzehnjährigen Aisha Mohammadzai – mit verstümmeltem Gesicht. Die Schlagzeile dazu lautet: „Was passiert, wenn wir Afghanistan verlassen". Aus der Titelgeschichte geht hervor, dass die junge Afghanin mit einem Taliban-Kämpfer zwangsverheiratet wurde, wegzulaufen versuchte und zur Strafe für ihren (gescheiterten) Fluchtversuch von ihrem Mann und dem Schwager verstümmelt wurde, indem man ihr Ohren und Nase abschnitt. Das preisgekrönte Bild löste heftige Debatten aus, etwa darüber, ob so ein verstörendes Bild auf eine Titelseite gehört und ob die Geschichte dahinter auch wirklich den Tatsachen entspricht: Wem ist diese Verstümmelung zuzuschreiben? Den Taliban, also jenen Extremisten, die 2001 von den westlichen Truppen verjagt wurden? Oder der nach dem Nato-Einmarsch weiterhin Usus gebliebenen Form der blutigen Familienrache, die auch in den Gebieten verbreitet ist, die nicht von den Taliban, sondern von der Regierung kontrolliert werden?

Die Reportage in der „Time" stellt einen direkten Zusammenhang her zwischen Aishas Verstümmelung, den Taliban und der Stationierung westlicher Truppen am Hindukusch. Ein recht ehrgeizig gespannter Bogen, bedenkt man die bereits zu diesem Zeitpunkt bekannten zahlreichen Berichte, die seit Jahren hervorheben, dass Gewalt gegen Frauen in Afghanistan ein vor allem in Großstädten verbreitetes Phänomen ist. Aber diese Realität verkompliziert die Sache natürlich, denn im Gegensatz zu den vielen von den Taliban kontrollierten ländlichen Gebieten hat in den Städten die von Washington installierte Regierung das Sagen.

Die Vermutung ist nicht ganz abwegig, dass man sich hier für die „bessere" Geschichte entschieden hat: Die Erzählung vom unzivilisierten Taliban-Kämpfer, der seine Ehefrau unterdrückt und misshandelt, hat mehr zu bieten als die Variante vom gewalttätigen „Familiendrama" (ein unpassendes Wort für eine derart brutale Verstümmelung) ohne politischen Hintergrund, das sich überdies nur schlecht mit der Stationierung westlicher Truppen in Verbindung bringen lässt. Selbst die afghanische Nachrichtenagentur „Pajhwok" stellte in ihrem Bericht zu der Causa ausdrücklich fest, dass die Taliban mit dem Fall nichts zu tun hätten.

Doch ausgerechnet ein führendes Nachrichtenmagazin der westlichen Welt war im Zusammenhang mit Aisha darauf bedacht, seine eigene Geschichte zu konstruieren. Eine Geschichte, die ins Bild passte und gewisse Weltbilder bediente – allen voran jenes von der Mär der Frauenbefreiung am Hindukusch durch den Westen.

Für jemanden, der seit mehreren Jahren aus und über Afghanistan berichtet, ist dieses Beispiel weder ein Einzelfall noch eine Ausnahme. Journalist*innen, die in solchen Regionen unterwegs sind, wissen nämlich, dass es immer wieder einige Kolleg*innen gibt, die krampfhaft auf der Suche nach ganz bestimmten Geschichten sind. Diese Kolleg*-innen sind meistens weiß, westlich, oftmals männlich, stets mit Dolmetscher*innen und Fixer*innen unterwegs und sehen die Welt durch eine dicke Orientalistenbrille. Sobald sie zurück in ihrer Heimat sind, gelten sie dann als ausgewiesene „Expert*innen", die vieles zu erzählen haben, Kulturen und Traditionen kennen und womöglich ein paar Fetzen in den jeweiligen Landessprachen sprechen können.

Im Grunde genommen kann ich kaum in Worte fassen, wie sehr mich derartige Charaktere mittlerweile nerven, auch in Afghanistan. Es gibt dafür viele Gründe. Sie beuten oftmals lokale Journalist*innen aus, um am Ende mit deren Arbeit und „Exklusivstorys" in ihren westlichen Heimatländern zu brillieren. Während sie die Lorbeeren einheimsen, bleiben ihre afghanischen Kolleg*innen, die in den meisten Fällen für die Story ihr Leben aufs Spiel gesetzt, die Drähte zu Taliban und Regierung geknüpft und sich in Gefahr begeben haben, namenlos und unbekannt.

Der Alltag vieler dieser einheimischen Journalist*innen ist deprimierend. Als ich einmal in aller Naivität einen afghanischen Kollegen fragte, warum er sich von einem namhaften amerikanischen Presseorgan derart ausbeuten lasse, antwortete er, er müsse seine Familie ernähren und sei auf das Geld angewiesen. So geht das den meisten. In diesem Kontext muss ich natürlich hervorheben, dass auch ich – trotz meiner Herkunft und meines Aussehens – zu den Privilegierten gehöre. Darüber entscheidet am Ende eben doch nur ein Stück Papier. Die Ausbeutung findet oftmals in sehr dreister und unverhohlener Form statt. Ein Freund von mir spielte vor Jahren den Laufburschen für einen bekannten deutschen Publizisten. Als er irgendwann wagte, ihn um eine faire Entlohnung zu bitten, wurde er einfach abgesägt. Dabei wäre ohne ihn keine einzige Geschichte zustande gekommen.

Und hier beginnt auch schon das nächste Problem. Niemand kann mir erzählen, dass die beschriebenen Publizist*innen und Journalist*innen den Protagonist*innen ihrer Geschichten so nahestanden, wie sie gern vorgeben. Meistens ist das aufgrund sprachlicher oder kultureller Barrieren auch gar nicht möglich. Afghanische Kolleg*innen und Freund*innen wundern sich seit Jahren über diese angeblichen „engen Beziehungen", die für sie frustrierend verlaufen. Wir sind es nämlich, die Exklusivzugang haben oder die Landessprachen sprechen. Doch am

Ende kommt irgendein „privileged white boy", verweilt in seinem sicheren Compound in Kabul und kassiert den Ruhm für irgendwelche Storys. Die Haltung, die mir selbst oftmals entgegenschlug, war etwa: „Gute Story aus Afghanistan bitte, alles andere ist uns wurscht, auch mögliche Gefahren, aber wenn du irgendwelche Taliban-Kämpfer interviewen kannst, wäre das toll." Diesen Umgangston bin ich mittlerweile leid.

Teilweise wurde der Ausbeutungsversuch nicht einmal mehr verschleiert. Ein Redakteur eines bekannten deutschen Mediums bot mir einmal 30 Euro für eine Reportage aus Kabul an. Der angebliche Grund: Eine solche Bezahlung sei „für Afghanen" üblich.

Der Mann wusste, dass ich in Deutschland lebe und eigentlich Austro-Afghane oder afghanischer Österreicher bin. Und selbst für einen „afghanischen Afghanen" wäre die Bezahlung ein Schlag ins Gesicht gewesen. 30 Euro reichen bestenfalls, um ein paar Taxifahrten in Kabul zu bezahlen.

Das Honorar, das er nach dem Verhandeln dann für den Text bezahlte, war übrigens auch nicht viel höher. Meine Freund*innen und Verwandte fragen mich verschiedentlich, warum ich eigentlich bereit bin, für 200 Euro mein Leben zu riskieren. Mittlerweile sage ich: Recht haben sie. Ich liebe meine Arbeit, doch man kommt sich auch oft ziemlich verarscht vor.

Einmal zeigte der Redakteur eines bekannten internationalen Magazins großes Interesse an einem Text von mir. Die Geschichte spielte in der afghanischen Provinz Khost im Osten des Landes. Es ging um Drohnenopfer und afghanische CIA-Milizen, die Menschenrechtsverbrechen begehen und in der Vergangenheit auch Journalist*innen getötet oder gefoltert haben.

Es handelte sich um einen Exklusivauftrag. Der Text spielte an einem Ort, an den nur wenige – vor allem nur sehr wenige ausländische – Journalist*innen vordringen. Ich verbrachte mehrere Tage in der Region und geriet dabei in ziemlich brenzlige Situationen. Umso mehr freute ich mich, als der Kollege mir grünes Licht gab. Der Text war praktisch so gut wie veröffentlicht, als mir in der letzten Fassung vor Drucklegung auffiel, dass der Mann von seinem sicheren Sessel aus einfach seinen Namen mit in die Autorenzeile gesetzt hatte, obwohl er nicht den geringsten Beitrag zu dem Text geleistet hatte.

Ich schrieb nicht mehr zurück. Eine Kollegin, die von dem Vorgehen des Redakteurs empört war, riet mir, damit an die Öffentlichkeit zu gehen. Doch darauf verzichtete ich. Aber den Text veröffentlichte ich dann anderswo.

DIE GESCHICHTE HINTER DER OFFIZIELLEN VERSION

Unabhängige Journalist*innen in Kuba nehmen es mit einem staatlichen Medienapparat auf, der gerne ein Land ohne Probleme und Nuancen darstellt. Können sie wirklich gegen die Unterdrückung von Kritik ankämpfen und den Repressionen standhalten, denen sie ausgesetzt sind?, fragt die kubanische Journalistin **MÓNICA BARÓ SÁNCHEZ.**

In Kuba werden Journalist*innen wegen ihrer Arbeit nicht umgebracht. Kuba ist im Allgemeinen ein ziemlich sicheres Land. Die Mordrate liegt nach der Statistik des Büros der Vereinten Nationen für Drogen- und Verbrechensbekämpfung aus dem Jahr 2017 bei 4,99 pro 100.000 Einwohner*innen. Im Vergleich zu anderen lateinamerikanischen Ländern wie Venezuela, Mexiko oder El Salvador ist das eine eher niedrige Quote, sie ist jedoch ähnlich hoch wie in den Vereinigten Staaten (5,33).

Die Tatsache, dass Journalist*innen in Kuba für ihre Veröffentlichungen nicht mit dem Leben bezahlen, sollte man jedoch nicht als Zeichen dafür nehmen, dass hier die uneingeschränkte Ausübung der Presse- und Meinungsfreiheit gesetzlich verankert ist. In Kuba gibt es weder Presse- noch Meinungsfreiheit.

Nur Journalist*innen, die für die staatlichen Medien arbeiten, können in Kuba ihren Beruf ausüben, ohne von Verhaftung oder Gefängnisstrafen bedroht zu sein. Auf der Insel gibt es zwar auch andere Medien, aber nur die Staatsmedien sind legal – und diese fordern die Staatsmacht nicht heraus; sie stellen die Führung weder infrage, noch gehen sie auf Konfrontationskurs; sie sind keine Bedrohung, weil sie eben von der Macht kontrolliert werden, die sie eigentlich beobachten und kontrollieren sollen.

Die staatlichen Medien fungieren als Sprachrohr der „Kommunistischen Partei Kubas" (PCC). Sie vertreten die Interessen der PCC, nicht die der Gesellschaft. Sie betreiben keinen Journalismus, sondern Propaganda. Sie haben keinen einzigen Fall von Korruption in Politik und Verwaltung bei höheren Beamt*innen aufgedeckt – obwohl es seit dem Sieg der Kubanischen Revolution im Jahr 1959 mehrere gegeben hat – und werden es höchstwahrscheinlich auch nie tun. Sie sind aufgrund ihrer fehlenden Unabhängigkeit nicht in der Lage, Recherchen durchzuführen, bei denen Minister*innen, Generäl*innen oder andere Vertreter*innen der Staatsmacht involviert sind, oder auch nur ansatzweise den von der Regierung propagierten Diskurs über Kubas Glanz und Gloria zu hinterfragen.

Redaktionelle Richtlinien und die Agenda der staatlichen Medien werden von den Führern der PCC reguliert, wenn nicht gar definiert. In den Redaktionen hängen die „Leitlinien" der PCC für die Presse aus. Die PCC bestimmt die Direktor*innen der staatlichen Medien. Journalist*innen aus den Auslandsredaktionen sind dazu angehalten, bei ihren Berichten die offizielle Position des Außenministeriums wiederzugeben.

Kann es in einem von so vielen Instanzen geprägten Kontext eine Presse geben, die nach der Wahrheit sucht? Die Unrecht und Verstöße gegen die Menschenrechte oder die bürgerlichen und politischen Rechte anprangert, die aufdeckt, was die Mächtigen zu verbergen suchen? Nein.

Der Glaubwürdigkeitsverlust, den die parteistaatliche Presse in den letzten Jahrzehnten in der kubanischen Gesellschaft erfahren hat, ist der beste Beweis dafür, dass das in Kuba vorherrschende Modell nichts taugt. Das kubanische Volk identifiziert sich in der Regel weder mit der von den staatlichen Medien konstruierten Realität noch mit ihren Berichten, weil diese eine Wirklichkeit aus der Perspektive der Macht kreieren und nicht aus der Perspektive des Volkes.

Im Kuba der staatlichen Medien gibt es keine Widersprüche oder Probleme. Probleme werden nur dann benannt, wenn sie gelöst sind oder sich deren Lösung schon abzeichnet; in den Beiträgen kommen in der Regel Regierungsvertreter*innen und Expert*innen zu Wort, die Revolution wird bei den befragten Personen mit Zufriedenheit und Dankbarkeit verknüpft, fast immer folgt ein Happy End. Es ist ein homogenes Kuba ohne Nuancen, fast eine Idylle – ein falsches Kuba. Das Schlimmste an diesem Modell ist aber nicht der Verlust der Glaubwürdigkeit der kubanischen Presse, sondern der Schaden, den er dem kollektiven Gedächtnis des Landes zugefügt hat. In den letzten 60 Jahren wurden in Kuba zu viele Geschichten entweder gar nicht, schlecht oder verzerrt erzählt.

Die staatlichen Medien vermitteln kein reales Bild unserer Geschichte. Wer sich aus ihren Berichten ein Bild von Kuba macht, geht einer lausigen Parodie auf den Leim. Das liegt weniger an den Lügen, die die Staatsmedien verbreitet haben, sondern vielmehr daran, dass sie die Komplexität unserer Insel ausblenden.

Erfreulicherweise hat sich die Medienlandschaft – und damit einhergehend die Konstruktion des kollektiven Gedächtnisses – durch die technologische Entwicklung und einen weniger restriktiven Zugang zum Internet verändert. Heute hat die PCC nicht mehr das Monopol auf die Wahrheit wie noch vor fünf oder zehn Jahren. Filme, Literatur oder bildende Kunst haben gegen dieses Monopol schon immer angekämpft, aber der Kampf ist seit 2014 mit dem Boom des unabhängigen Journalismus sichtbarer und heftiger.

Viele Artikel, die es bis zur Veröffentlichung schaffen, zeichnen sich durch Sorgfalt, Mut und Qualität aus, trotz der fehlenden rechtlichen Anerkennung der unabhängigen Medien – für die Journalist*innen und alle, die mit ihnen zusammenarbeiten, bedeutet dies, dass sie nicht nur verhaftet und verurteilt werden können, sondern auch nur unter Verrenkungen Zugang zu Informationsquellen bekommen. Die unabhängigen Medien haben jetzt schon Standards für den Journalismus in Lateinamerika gesetzt, dabei stecken sie größtenteils noch in den Kinderschuhen. Obwohl diese Entwicklung erst vor fünf Jahren einsetzte, wurden Kubas neue Medienschaffende bereits mit renommierten Preisen ausgezeichnet, man beschäftigt sich an den Universitäten mit ihnen, und sie nehmen an internationalen Events teil. Das bekommen die staatlichen Medien nicht hin.

Die unabhängigen kubanischen Journalist*innen zeigen, dass ein Journalismus möglich ist, der sich der gegenwärtigen Gesellschaft verpflichtet fühlt und dabei durchaus unterhaltsam ist, ohne politische Einmischung in die Redaktionsprozesse zu akzeptieren. Das ist das wichtigste an dieser so jungen Bewegung. Auch wenn sie durch staatliche Repression oder aufgrund von Geldmangel wieder verschwinden sollte, hat sie schon einen Präzedenzfall geschaffen. Ihre Berichte über eine Nation, die viel komplexer ist als in den staatlichen Medien dargestellt, werden überdauern.

Der Kampf zwischen zwei Pressemodellen in der kubanischen Medienszene ist zweitrangig, in erster Linie geht es hier um das Recht, die Geschichte eines Landes zu erzählen. Alle Bürger*innen sollten von diesem Recht Gebrauch machen dürfen, nicht nur Journalist*innen; aber dieses Privileg wird bisher nur denen zugestanden, die die Geschichte Kubas in der immer gleichen, offiziellen Version schildern.

NICHTBINÄRER JOURNALISMUS

Durch ihre Sprache spielen Medien eine entscheidende Rolle, wer in den Nachrichten auftaucht und ob – und wie – nichtbinäre Identitäten anerkannt werden. **BEX VANKOOT** empfiehlt dafür personalisierte, politische Styleguides.

Words matter – Wörter zählen. Transmenschen wissen, was damit gemeint ist, vor allem diejenigen unter uns, die außerhalb der binären Welt leben. Wir müssen nicht nur nach sinnvollen Bezeichnungen und dem richtigen Wort dafür suchen, wie wir unser(e) Gender erleben; wir werden auch ständig auf diese Notwendigkeit hingewiesen, weil es Leute gibt, die das, was uns ausmacht und was wir erleben, löschen wollen.

„Words matter – da steht es doch! " ist noch einer der netteren Sätze, die Transphobiker*innen mir gegenüber abschätzig äußern, nachdem ich zum tausendsten Mal geduldig erklärt habe, dass ich keine Frau bin. „Wörter zählen", sagen sie und meinen eigentlich: „Wenn ich sage, dass du dieses Geschlecht hast, dann ist das auch so, das hat doch schließlich ein Arzt festgestellt." Und tatsächlich spielen Wörter für Transleute eine Rolle, wahrscheinlich eine größere, als Cismenschen [siehe Glossar] ahnen.

Wir haben als Medienschaffende mit jeder veröffentlichten Geschichte die Macht, Transmenschen in ihrer Menschlichkeit, Würde und Sichtbarkeit zu bestätigen oder ihnen diese Grundrechte abzusprechen, und das gilt für Artikel über Kosmetik, Essen oder Reisen genauso wie für solche über Gender, Sexismus oder reproduktive Gerechtigkeit. Leider liegt diese Entscheidungsmacht häufig in den Händen von Cisgender-Redakteur*innen, die ihre Informationen aus möglicherweise wirren oder veralteten Quellen beziehen oder sich da irgendwie durchwursteln und was ausdenken.

Leser*innen brauchen Informationen über diesen Themenkomplex, damit sie entscheiden können, welche Nachrichten und Medien sie konsumieren. Freiberufliche Journalist*innen sollten sich die Redaktionen gut anschauen und sich fragen, wo man ihre Artikel in dieser Hinsicht verantwortungsvoll behandelt. Und Redaktionen sollten sich Klarheit darüber verschaffen, wie sie mit diesem anspruchsvollen Themenkomplex umgehen, und in ihren Publikationen mit einer einheitlichen Stimme sprechen. Moderne Medienunternehmen sollten sachkundige, inklusive Styleguides ausarbeiten und in diese Aufgabe Zeit und Arbeit investieren.

Publikationen, die den Genderessenzialismus [als Annahme ursprünglicher, von Kontext und Interpretation unabhängiger Geschlechter] bewahren – z. B. ausschließlich an Frauen gerichtete Artikel über Menstruation oder Schwangerschaft – halten Nichtfrauen davon ab, sich in ärztliche Behandlung zu begeben oder sich dem Mainstreamkampf für reproduktive Rechte anzuschließen. Genderessenzialistische Sprache stößt intersexuelle Menschen vor den Kopf; schließlich erleben sie in ihrem Körper Dinge, die für gewöhnlich ausschließlich Männern oder Frauen zugeschrieben werden. Wenn ich hingegen einen Text über Menstruationsprodukte oder -schmerzen in genderneutraler Sprache lese, fühle ich mich mitgemeint und angesprochen. Ich weiß nicht mehr, wie viele Artikel über Fortpflanzungsmedizin ich nicht eingereicht habe, weil ich Angst hatte, dass der*die Redakteur*in meine genderneutrale Sprache streicht oder Schlimmeres tut. Und es kann immer noch schlimmer kommen.

Bis zu 1,7 Prozent der weltweiten Bevölkerung sind intersexuell[13], das ist wissenschaftlicher Konsens, aber wahrscheinlich sind es mehr. Noch weniger verlässliche Daten gibt es über die Zahl von Transgendermenschen. Das hat viele Gründe und liegt nicht zuletzt an der Angst vor den negativen Folgen eines Coming-out. US-amerikanische Forschung[14] unter der Leitung von PhD-Dr. Nicole Rider, die sich auf genderqueere Identitäten spezialisiert hat, kam zu diesem Ergebnis: Fast drei Prozent der Jugendlichen bezeichnen sich als Transsexuelle, wobei sich ein signifikanter Prozentsatz der Jugendlichen außerhalb der Geschlechterbinarität verortet. Angenommen, der genderqueere Bevölkerungsanteil in der Generation der Millennials ist geringer, so ist er doch zweifelsohne nicht unbedeutend. Dennoch finden sich nur in zehn von 15 großen Printpublikationen auch von Nichtbinären verfasste Artikel und in weniger als der Hälfte der untersuchten Literaturzeitschriften (zehn von 24) Beiträge von genderqueeren Personen, wie dem „VIDA Count 2017", einer Studie der feministischen Non-Profit-Organisation VIDA, zu entnehmen ist.[15]

Redakteur*innen werden auch in Zukunft die nichtbinären Pronomen in unseren Autor*innenzeilen streichen und stattdessen unsere Namen einfügen. Sie werden die Seiten mit „he or she – er oder sie" aufpeppen und das damit begründen, es sei sprachlich einfach schöner – am Ende kommt dann allenfalls ein Plural-„sie" dabei heraus (they).

Dabei ist das singularische "they" viel älter als unser Personalpronomen „you". Wussten Sie das? Der älteste Beleg für die Benutzung des singularischen „they" stammt aus der „Wyclif-Bibel", eine Zusammenstellung von Übersetzungen christlicher Texte ins Mittelenglische, die erstmals 1382 veröffentlicht wurde. Auch in den kurz danach entstandenen „Tales of Canterbury" von Geoffrey Chaucer wird „they" für die pronominale Anredeform im Singular benutzt. Im Laufe der Zeit trat dann das „you" für die höfliche Ansprache einer Gruppe von Menschen hinzu, entstanden aus der Verschmelzung der altenglischen Pluralpronomen „eow" und „ge". Zur Ansprache einer einzelnen Person wurde dagegen noch zu Shakespeares Zeiten das Pronomen „thou" benutzt (wie in „wherefore art thou, Romeo?").

Optimismus überkommt mich beim Lesen von Texten anderer Transautor*innen oder bei der Zusammenarbeit mit Redakteur*innen, die meiner Stilsicherheit hinsichtlich gendergerechter Sprache vertrauen – dieser Luxus fühlt sich für mich nach Freiheit und Wandel an. Stellen Sie sich einmal vor, dass sich der Sprachgebrauch wandelt und gendergerechte Sprache zur Normalität wird. Würden davon nicht auch Cismenschen profitieren, denen bestimmte Wörter Unbehagen bereiten? Ausschließlich von Sprache umgeben zu sein, die Genderbinarität bekräftigt, macht es Cismenschen schwer, sich sprachlich außerhalb dieses Paradigmas zu bewegen.

Im Jahr 2015 kürte die „American Dialect Society" das singularische „they" zum Wort des Jahres. Bei der „Washington Post" wurde das Pronomen 2016 offiziell zugelassen, und im Jahr 2017 stand sowohl im „Associated Press Stylebook" als auch im „Chicago Manual of Style" die Empfehlung, das Pronomen dort, wo es nötig ist, zu verwenden. Es wird Zeit, dass sich die übrige Medienwelt dem anschließt.

Es ist vermutlich schwerer, den Kampf gegen Genderessenzialismus mit Styleguides zu gewinnen, deswegen müssen wir bei diesem Themenkomplex auf die Veröffentlichungen selbst setzen; durch das, was wir publizieren, müssen wir vorankommen. Medien sind weniger den Institutionen verpflichtet, die sich mit der Festlegung des korrekten Sprachgebrauchs beschäftigen, als vielmehr ihrer Leserschaft; sie tragen Verantwortung, und daher sollten sie die Verwendung von Begriffen wie „Menstruierende" und „schwangere Menschen" zur Normalität machen. Verschiedene Interessenvertretungen stellen Material zur Verfügung, auf dessen Grundlage man Veränderungen in Gang setzen kann, wie z.B. der „Nonbinary People Media Guide" der US-amerikanischen Organisation „Trans Media Watch" oder die Media Guidelines von „genderqueer.me". Das Vertrauen der Leser*innen und Autor*innen gewinnen Redaktionen jedoch am ehesten durch die Veröffentlichung eigener Styleguides.

Vorbildlich ist in dieser Hinsicht das „Self"-Magazin[16]. Das Magazin macht es vor, wie ein einzelner Herausgeber mit Styleguides umgehen kann: Es hat einen Styleguide verfasst, der ganz konkret auf das gesellschaftliche Anliegen der Zeitschrift zugeschnitten ist – in diesem Fall Akzeptanz von Fettleibigkeit und Körperpositivität. Es handelt sich dabei nicht um eine für den internen Gebrauch bestimmte Liste von Vorschlägen und Richtlinien, sondern um ein öffentlich zugängiges Dokument auf der Internetseite der Zeitschrift, sodass sich Leser*innen und Autor*innen über die Werte und Prioritäten des Magazins informieren können.

Im Vorwort des im Juni 2018 veröffentlichten „Self"-Styleguides schreibt Chefredakteurin Carolyn Kylstra, dass sie intern schon seit Langem einen sich kontinuierlich erweiternden Styleguide nutzten, aber das Gefühl hatten, dass es damit nicht getan sei: „Deshalb haben wir uns entschlossen, unsere Richtlinien in Form eines für alle zugänglichen Styleguides zu veröffentlichen. Wir hoffen, dass diese Transparenz für uns auch verpflichtenden Charakter hat. Unsere Standards stehen jetzt für jeden im Team sichtbar und schriftlich ausformuliert an einem zentralen Ort. Die Veröffentlichung des Styleguides soll dazu beitragen, dass unser Magazin zukünftig konsistenter wird."

Für andere Publikationen könnten die in diesem Leitfaden zum Ausdruck gebrachten Werte ein hervorragender Ausgangspunkt sein:

- Inklusivität, weil wir anderen nur eine Hilfe sind, wenn sie sich gesehen, gehört, respektiert und willkommen fühlen.
- Genauigkeit, weil Information nur hilfreich und befähigend ist, wenn sie richtig ist.
- Empathie, weil wir anderen nur eine Hilfe sind, wenn sie sich unterstützt und nicht beurteilt fühlen.
- Autonomie, weil Du entscheidest, was Du mit Deinem Körper machst.

Die Erstellung von transinklusiven Styleguides ist zweifelsohne eine große Aufgabe, und für viele Redaktionen und Verlage entsteht damit die Notwendigkeit, Nichtbinäre, Genderqueere, Agender- und Transmenschen in bislang Cismenschen vorbehaltene Räume zu holen. Diese Leitfäden müssen sich nicht nur mit Fragen genderneutraler Sprache befassen, sondern auch mit Themen wie der Sprache, mit der man über hormonelle und operative Umwandlungen spricht, oder der Gefahr, als Medium „beide Seiten" sehen zu wollen, wenn es um Fragen geht, die die Menschlichkeit einer anderen Person betreffen.

Transmenschen haben ein Recht auf Inklusion in unsere Narrative. Nichtbinäre Menschen haben es verdient, akkurat und mit Empathie angesprochen zu werden. Agendermenschen haben das gleiche Recht auf reproduktive Autonomie wie Frauen und Menschen anderer Geschlechter. Wörter zählen, und niemand sollte sich der damit einhergehenden Verantwortung besser bewusst sein als Journalist*innen und die Menschen, bei denen wir veröffentlichen. Es wird Zeit, uns dieser Verantwortung zu stellen.

GLOSSAR

Genderqueer

Genderqueer ist ein Überbegriff für Menschen, die nicht in die Norm der Zweigeschlechtlichkeit passen. Er kann aber auch eine Geschlechtsidentität für Menschen bezeichnen, die sich in einer oder mehreren von folgenden sechs Kategorien verorten:

1. sowohl Mann als auch Frau (Beispiel: Androgyne)
2. weder Mann noch Frau (Agenderpersonen, die sich keinem Geschlecht zugehörig fühlen; andere Begriffe dafür sind genderneutral und neutrois)
3. zwischen allen möglichen Gendern wechselnd (genderfluid)
4. einem dritten oder weiteren Gender zugehörig (einschließlich Personen, die sich lieber als „genderqueer" oder „nichtbinär" bezeichnen und sich keiner gesonderten Genderkategorie zuordnen)
5. Gender vermischt sich mit Orientierung (etwa Girlfags [schwule Frauen] oder Guydykes [lesbische Männer])
6. Alle, die in der Selbstpräsentation oder anderweitig „genderqueer", also nicht zweigeschlechtlich sind, was nicht bedeutet, dass sie sich notwendigerweise auch als nichtbinär oder queergender identifizieren. Die Selbstbezeichnung als queer kann auch den gesellschaftskritischen und politischen Hintergrund haben, sich gemeinsam gegen Binarisierung und Heterosexismus zur Wehr zu setzen.[17]

Agender

Agendermenschen, auch genderless genannt, haben kein Gender, fühlen sich keinem Gender zugehörig oder lehnen das Konzept Gender vollständig ab.[18]

Bigender

Personen, die zwei Geschlechtsidentitäten gleichzeitig haben, oft männlich und weiblich, aber es sind auch andere Kombinationen möglich wie männlich und intergender. Die beiden Geschlechtsidentitäten können gleichzeitig oder abwechselnd auftreten.[19]

Transgender

Ein Oberbegriff, der potenziell alle Menschen umfasst, die vom Konzept des Geschlechts und den damit verbundenen sozialen Normen abweichen oder darüber hinausgehen. Menschen können aufgrund ihres Selbstausdrucks, ihrer Identität oder ihrer persönlichen Geschichte transgender sein.[20]

Cisgender

Das Präfix cis oder cisgender bezeichnet Menschen, deren Geschlechtsidentität demjenigen Geschlecht entspricht, das ihnen bei der Geburt zugewiesen wurde (cis bedeutet im Lateinischen „diesseits"). Die Präfixe cis und trans sind als Oberbegriffe aufeinander bezogen und decken gemeinsam alle Geschlechtsidentitäten ab, um sicherzustellen, dass trans nicht als Abweichung von der Norm festgeschrieben wird. Als Adjektiv zu verwenden.[21]

Intersex

Der Begriff „inter" bezeichnet Personen, deren körperliches Geschlecht (beispielsweise die Genitalien oder die Chromosomen) nicht der medizinischen Norm von „eindeutig" männlichen oder weiblichen Körpern zugeordnet werden kann. Dies kann auf genetische, hormonelle oder anatomische Veränderungen zurückzuführen sein. Intersex ist NICHT gleichbedeutend mit „trans".[22]

Genderessenzialismus

Genderpolitischer Essenzialismus ist die Vorstellung, dass Männer und Frauen angeborene, geschlechtsspezifische, natürliche Eigenschaften haben, die für ihr Geschlecht typisch sind.[23]

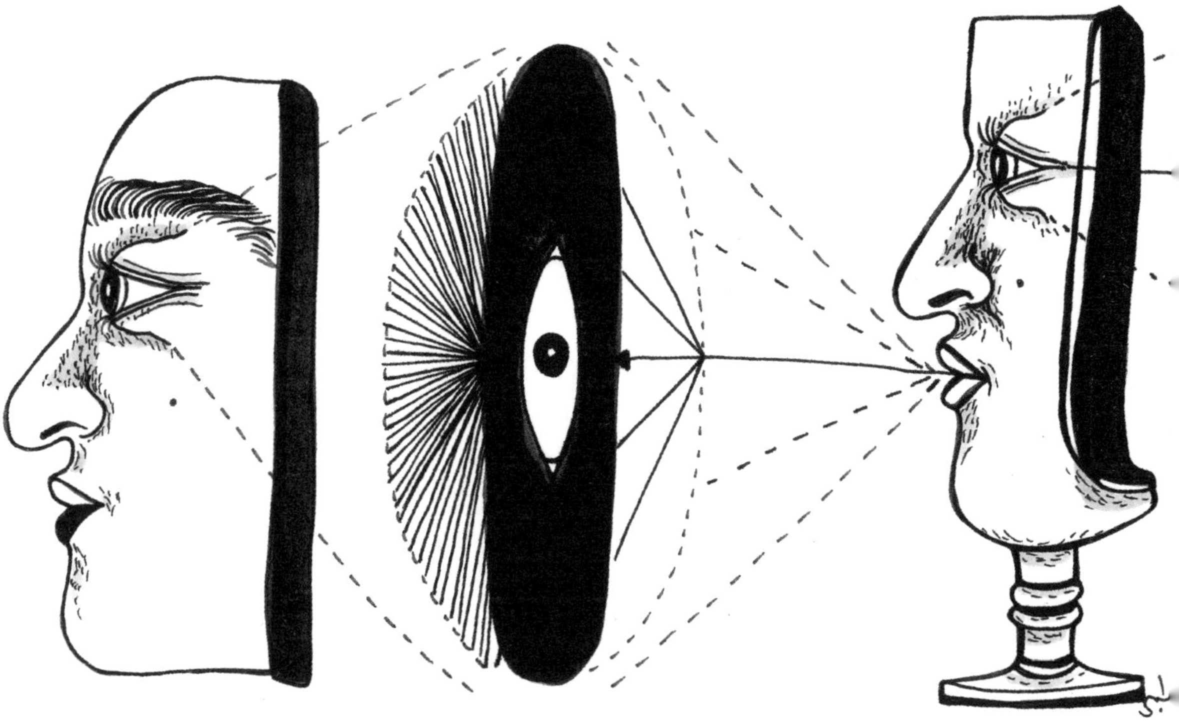

DIE VERLORENE STIMME

Wenn ein Land in einer komplexen humanitären Krise versinkt wie in Venezuela: Warum wird den lokalen Journalist*innen oft am wenigstens zugetraut, die Fakten zu berichten?, fragt sich **MARIELBA NÚÑEZ.**

Das erste Zeichen dafür, dass etwas schiefläuft, ist die oft unschuldig geäußerte Frage: „Passiert in Ihrem Land wirklich all das, was von dort berichtet wird?" Diese Frage kehrt in unterschiedlichen Zusammenhängen wieder. Du kannst in den Augen der Gesprächspartner*innen die Hoffnung sehen, dass alles nur eine Lüge, eine Übertreibung, eine Art Verschwörung ist. Du kannst dich bemühen, detaillierte Geschichten zu erzählen, die den Schrecken deines*r Gesprächspartner*in bestätigen, aber das ist kein Gegenmittel für Ungläubigkeit. Wenn du Glück hast, hört man dir vielleicht höflich zu, es fallen ein paar ironische Bemerkungen, aber normalerweise bemerkst du, dass deine Botschaft irgendwie auf der Strecke bleibt, als ob deine Stimme nicht zu hören war.

Es hilft nicht viel, sich mit Geduld und Mut zu wappnen und zu wiederholen, der Mangel an Nahrung, Medikamenten, Wasser, Strom – den grundlegendsten Überlebensbedürfnissen – ist kein Gerücht. Millionen Menschen wurden gezwungen, die Grenzen zu überqueren, um mit praktisch nichts zu fliehen. Das Land, das ich so schwer erklären kann, Venezuela, ist ein Gebiet, das mehr als drei Millionen Menschen in den letzten drei Jahren verlassen mussten.[24] Und es werden immer mehr.

Ich komme aus einem Land, das in seiner jüngsten Geschichte politisch extrem polarisiert wurde. Auf der einen Seite stehen die „Revolutionäre", die vor zwanzig Jahren an die Macht kamen und ein System der „kommunikativen Hegemonie" errichteten; auf der anderen Seite ist die Opposition, die in der Vergangenheit zwar viele politische Fehler machte, mit zunehmender Unzufriedenheit der Bevölkerung aber auch Geschlossenheit erreicht hat. Meine Gesprächspartner*innen haben das Recht, meine Unparteilichkeit infrage zu stellen – zumindest sage ich mir das jedes Mal, wenn jemand davon ausgeht, dass meine Geschichte nicht auf Erfahrungen beruht, sondern auf meinem Bedürfnis, eine bestimmte Sicht der Dinge zu stützen.

Dieser anhaltende Verdacht, den ich bei anderen spüre, bringt mich langsam sogar dazu, an der Gültigkeit meiner Zeugenschaft oder an den Fakten zu zweifeln. Wie ist dieses Ausmaß sozialer und wirtschaftlicher Zerstörung möglich in einem Land, das sich bis vor wenigen Jahren mit sozialen Errungenschaften wie der Gleichstellung rühmte und dem die Vereinten Nationen vor nur vier Jahren eine Auszeichnung für die Erfüllung der Millenniums-Entwicklungsziele im Kampf gegen den Hunger verliehen?[25] Wie glaubwürdig ist es, dass ein Land mit historisch hohen Öleinnahmen vor wenigen Jahren plötzlich zusammenbricht?

Eines der Konzepte, das ich durch meine journalistische Arbeit in den letzten 15 Monaten gelernt habe, ist das der komplexen humanitären Notlage. In all meinen Jahren als Reporterin war ich noch nie in einer Situation, die dieser Definition entsprach. Dabei handelt es sich um eine Krise, die nicht durch eine Naturkatastrophe oder einen Krieg verursacht wurde, sondern durch eine Kombination mehrerer Faktoren, darunter der Zusammenbruch der Wirtschaft, zivile Konflikte, die Zerstörung der Gesundheitsversorgung, massenhafte Migration und die Auflösung von Institutionen. Und wenn ich von Auflösung spreche, meine ich das wörtlich. Während ich diesen Text schreibe, durchlebe ich die Folgen eines kolossalen landesweiten Stromausfalls. Es gibt Gebiete in Venezuela, die seit mehr als 170 Stunden ohne Strom sind.

Die Menschen müssen verzweifelt mit ansehen, wie die Lebensmittel, die sie in der Hyperinflation ergattern konnten, nun verrotten. Die offizielle Stellungnahme lautet, dass es sich um einen Sabotageakt handelt. Aber tatsächlich ist unser Stromsystem, in das Milliarden von Dollar investiert wurden, um es angeblich vor genau solchen Situationen zu schützen, in den letzten zehn Jahren einer beispiellosen Korruption und Vernachlässigung zum Opfer gefallen. Die Regierung hat die gravierende Verschlechterung der Lebensbedingungen konsequent geleugnet und ihren mächtigen Propagandaapparat dazu benutzt, Daten zu verschleiern, die das Ausmaß der Verzweiflung und des Sterbens offenbaren würden.

Um nur einige Beispiele zu nennen: Die Säuglingssterblichkeit ist drastisch gestiegen und auf das Niveau von vor zwanzig Jahren zurückgefallen.[26] Epidemien, die in den neunziger Jahren unter Kontrolle waren, wie z. B. Diphtherie oder Malaria, sind wieder ausgebrochen. Menschen fliehen massenhaft vor Hunger und Armut, aber auch vor staatlicher Gewalt, gewalttätigen Zivilgruppen oder Kriminalität. Ich habe herausgefunden, dass komplexe humanitäre Notstände immer im Kontext massiver Menschenrechtsverletzungen auftreten.

Wenn ich mir bewusst mache, dass an meiner Berichterstattung über die Krise in meinem Land und deren Ursprünge gezweifelt wird, dann wird mir auch klar, dass andere, die noch mehr unter der humanitären Not leiden, Ähnliches erleben müssen: Ihren Geschichten wird nicht die Glaubwürdigkeit oder das Mitgefühl geschenkt, die sie brauchen. Viele fragen vielleicht: „Wie seid ihr an diesen Punkt gekommen? Warum konntet ihr euch nicht verteidigen? Wurden die Führer*innen des Landes nicht vom Volk gewählt?"

In Zeiten, in denen soziale Netzwerke mit beschränkter Zeichenanzahl die Kommunikation dominieren, gibt es keine einfache Antwort. Es ist ähnlich wie bei bestimmten Opfern: Man meldet ein Verbrechen und wird selbst dafür verantwortlich gemacht. Vielleicht haben sie dich angegriffen, weil du leichtsinnig warst, weil du zur falschen Zeit unterwegs warst oder am falschen Ort. Weil du es deinen Angreifer*innen leicht gemacht hast. Das Schweigen, unter dem viele Verbrechen verborgen bleiben, ist ein Versuch, diesem beschuldigenden Finger zu entkommen, der auf das Opfer statt auf die Täter*innen zeigt.

Ich frage mich, ob die venezolanischen Journalist*innen in dieser humanitären Notlage in meinem Land vielleicht gar nicht mehr die Erzähler*innen unserer Geschichte sind, sondern auch ihre Opfer. Unsere Stimmen sind abgeschnitten worden. Das verordnete Schweigen der Medien war ein langsamer und schleichender Prozess, der sich zu einem rechtlichen Kontrollrahmen ausgeweitet hat, mit dem nun jeder Versuch, die Regierung zu kritisieren, unterbunden werden kann. Unabhängige Radio- und Fernsehmedien wurden durch Androhung von Lizenzentzug mundtot gemacht und Printmedien durch das staatliche Monopol auf Papier. Der digitale Raum scheint die letzte Bastion des Journalismus zu sein, er unterliegt aber auch der ständigen Blockade von Webseiten und sozialen Netzwerken durch den Staat.

Viele Journalist*innen wurden verfolgt und ins Exil gedrängt.[27] Die Erschütterung des Landes und seine allmähliche Bedeutung auf der internationalen Tagesordnung haben ein weiteres Phänomen mit sich gebracht. Wir sind nun ein Thema, über das andere berichten – aus der Ferne und manchmal für nur sehr kurze Zeit. Das hat mich auch bewogen, über den Prozess der Entfremdung nachzudenken, sobald die eigene Stimme durch eine andere repräsentiert wird. Es hat mich überrascht, dass manche Menschen unsere Strategien zur Bekämpfung der Krise seltsam finden. Das ist ein Symptom unserer Differenz. Das Interesse

anderer daran, unser Leid zu zeigen, wird durchaus geschätzt, aber das Porträt schmerzt oft, weil man nicht das sieht, was wir sind, sondern das, was wir tun müssen, um zu überleben.

Ich könnte schlussfolgern, dass es drei Feind*innen gibt, die es bei der Berichterstattung über Opfer humanitärer Notfälle zu überwinden gilt: Das Mundtotmachen, die Reviktimisierung und die Stereotypisierung. Um gegen diese Herausforderung zu bestehen, bedarf es der ständigen Innovationen. Die Verfolgung der traditionellen Medien in Venezuela hat die Entstehung unabhängiger digitaler Medien beschleunigt. Sie schließen eine Lücke, die andere hinterlassen haben. Es sind fragile Start-ups, aber sie markieren einen Weg an der Zensur vorbei.

Andere Herausforderungen, die mit der Wahrnehmung und Repräsentation von Geschichten zusammenhängen, sind komplexer. Es ist vielleicht notwendig, die Kommunikationsmittel und Räume offener mit den Betroffenen einer humanitären Krise zu teilen. Vielleicht muss man die Initiativen begleiten, damit sie in der ersten Person erzählen und zeigen können, wer sie sind – und nicht nur, was ihnen widerfahren ist. Vielleicht ist dies ein Weg, um ein umfassenderes und tieferes Bild solch komplexer und schmerzhafter Prozesse zu zeigen.

KEINE OBJEKTIVITÄT OHNE VIELFALT

Der libanesische Filmemacher **ALI SHEHAB** erklärt die paradoxen Bedingungen, unter seine journalistischen Berichte über den Nahostkonflikt entstehen: Einerseits ist es illegal, mit Israelis Kontakt aufzunehmen, andererseits gilt man sofort als voreingenommen, wenn sie nicht zu Wort kommen.

Im Jahr 2010 beendete ich gerade das Drehbuch für einen meiner Dokumentarfilme für „Al Jazeera", als ein Sturm der Entrüstung arabischer und libanesischer Zuschauer über mich hinwegfegte. Ich hatte als Ankündigung des Films ein Bild gepostet, auf dem man die Flaggen Israels und der Hisbollah nebeneinander sah.

Für die Stabschef*innen von Regierungen ist es ganz selbstverständlich, zur Verbesserung militärischer Strategien Szenarien und Manöver als Simulationen durchzuspielen. Aber eine solche militärische Simulation in einer Dokumentation hatte es bis dahin noch nicht gegeben.

„Zero Hour" – so der Titel meines Dokumentarfilms – simulierte den möglichen Verlauf eines zukünftigen Kriegs zwischen Israel und dem Libanon.

Wenn Journalist*innen über den Nahostkonflikt berichten, konzentrieren sie sich meist auf bestimmte Meinungen und lassen andere weg. Das führt zu einem eklatanten Mangel an Information und daher auch zu höchst spekulativen Berichten.

Die Konflikte im Nahen Osten sind eine komplizierte Angelegenheit. Die israelische Presse berichtet darüber auf der Basis von Leaks in den Organen von Militär und Staatssicherheit. Diese Leaks werden häufig vom Militär zensiert. Umgekehrt berichten die meisten arabischen Journalist*innen über die Konflikte anhand persönlicher Eindrücke und Vorurteile, die oft auf politischer und ideologischer Nähe beruhen. Darüber hinaus herrscht in der Öffentlichkeit ein grundsätzlicher Mangel an Aufklärung, was letztlich dazu führt, dass viele Berichte über die Konflikte sowohl unwissenschaftlich wie unprofessionell ausfallen.

Der Libanon, das Land, in dem ich lebe, steht bekanntlich im Krieg mit Israel, und die libanesische Verfassung listet Israel als feindlichen Staat. Israel besetzt seit über vier Jahrzehnten Teile des Libanons. Es hat fünf Kriege geführt, darunter zwei Invasionen, deren eine zur Besetzung der Hauptstadt Beirut geführt hat, der ersten von Israel besetzten arabischen Stadt. Das alles geschah in nur drei Jahrzehnten. Nach dem Gesetz darf kein Libanese, egal aus welchen Gründen, in Kontakt mit Israelis treten.[28] Das gilt auch für Journalist*innen und Medien.

Ein Dilemma für mich und meine Dokumentation? Zweifellos. Es gab schlicht keine Möglichkeit, Informationen aus erster Hand zu bekommen. Das galt für beide Seiten. Die Hisbollah, zweiter Hauptprotaganist des Films, ist eine „schiitische Partei und Miliz", die einen asymmetrischen Krieg führt und alle militärischen Operationen unter Verschluss hält.

Während des Kriegs zwischen Israel und der Hisbollah 2006 beauftragte man den Richter Eliyahu Winograd mit einer Untersuchung über die Folgen des Kriegs. In seinem öffentlich zugänglichen Bericht finden sich zuverlässige Informationen über die vielen Lücken der vergangenen Kriege, mit denen sich Israels politische und militärische Führung vor einem neuen Krieg auseinandersetzen müsste. Dort habe ich angesetzt.

Zusätzliche Informationen fand ich in den dutzenden spezialisierten Militärstudien von vorwiegend israelischen und US-amerikanischen Expert*innenkommissionen. Obwohl sich in solchen Studien überaus wichtiges Material finden lässt, werden sie von den arabischen Medien im Allgemeinen vernachlässigt, weil es an Verständnis für die Methoden fehlt und sie folglich wenig Sinn für den Nutzen der Studien haben.

Israelische Partner*innen für Interviews zu finden war schwierig. Immerhin mussten sie juristische Probleme bedenken, weil die Interviews in Palästina von einem multinationalen Presseteam geführt wurden. Andererseits kann im Dokumentarfilm eben auch die Ablehnung einer Interviewanfrage zweckdienlich sein.

Ich erinnere mich an einen ehemaligen israelischen Stabschef, der ein Interview ablehnte. Seine brüske schriftliche Absage haben wir später im Film benutzt. Als Grund nannte er „Zweifel, dass ein arabisches Medienteam ausgewogen über dieses heikle Thema berichten könne", also über Israel und die Hisbollah.

Auch im Libanon lehnte später ein Hisbollah-Offizieller unsere Interviewanfrage ab, obwohl wir ihm anboten, sein Gesicht nicht zu zeigen. Meine zweite Option war ein Interview mit Offizieren der libanesischen Armee, weil die libanesische Armee ja direkt an Kämpfen beteiligt gewesen war und dies auch in zukünftigen Kriegen und militärischen Aktionen an der libanesischen Front sein würde.

Mir wurde aber bald klar, dass Israel und die Hisbollah einen psychologischen Krieg führten und entsprechend ihre jeweilige Öffentlichkeit zu berücksichtigen hatten. Da sie diese aber davon überzeugen mussten, dass sie in der Lage seien, den Gegner zu besiegen, sollten sie eigentlich an Gesprächen mit den Medien interessiert sein.

Ich war fest entschlossen, ihnen den Inhalt meiner Dokumentation objektiv zu erläutern und ihnen zu erklären, wie wichtig es sei, Interviews von allen beteiligten Parteien zu bekommen. Ich habe ihnen klar gemacht, dass die Verweigerung von Interviews als Schwäche gegenüber den denkbaren militärischen Szenarien ausgelegt werden könnte.

Der stellvertretende Generalsekretär der Hisbollah stimmte einem ausführlichen Interview zu. Ich habe ihm klar gesagt, dass auch die Israelis ihren Standpunkt deutlich machen würden. Auch zwei gerade pensionierte libanesische Generäle stimmten einem Gespräch zu, nachdem sie sich aus eigenen Quellen über das Projekt informiert hatten.

Bei den Dreharbeiten in Tel Aviv fiel uns der Kaffeebecher eines der Interviewten auf. Der ehemalige Geheimdienstoffizier trank aus einem Becher, auf dem man ein Bild des Hisbollah-Chefs Hassan Nasrallah sah. Er sei, erklärte er dem palästinensischen Interviewer, ein Geschenk von palästinensischen Freund*innen!

Unter den Personen, die schließlich den Interviews zustimmten, befanden sich ein Oberst a. D. der israelischen Luftwaffe, ein israelischer Offizier aus der militärischen Aufklärung vom „Institut für nationale Sicherheit" in Tel Aviv, ein Militärkorrespondent des israelischen Armeesenders und ein ehemaliger Beamter des US-Nachrichtendienstes.

Die zweite Herausforderung bestand darin, dass man mir als arabischem Fernsehautor – vermutlich noch bevor der Film gezeigt wurde – Voreingenommenheit unterstellen würde. Um das zu verhindern, habe ich mich in meinen Fragen auf die israelischen Studien bezogen, die sich mit möglichen Szenarien eines zukünftigen Kriegs beschäftigten. Außerdem habe ich ihnen ausführlich die wissenschaftlichen Methoden der Studien erklärt. Wie angesichts meines Stoffes zu erwarten, kam ich schnell zu einigen Hypothesen, die ich mithilfe meiner Interviewpartner beantworten musste.

Nach dreimonatiger intensiver Arbeit stand mein Drehbuch. Es ging darin um die Kampfgebiete, die Rolle der israelischen Luftwaffe, die Raketenstärke der Hisbollah, die israelischen Raketenabwehrsysteme und die Maßnahmen, mit denen beide Seiten eine Wiederholung der jeweiligen Fehler im Krieg von 2006 vermeiden wollten.

Der Film fand breite Resonanz in den diversen Medien der Region. Ich erinnere mich gut an den Tag, als meine „Facebook"-Seite plötzlich Tausende neue Follower zählte, darunter auch viele Israelis. Eine Reportage, in der sich die verschiedenen beteiligten Parteien zu dem heiklen Thema äußerten, war im Fernsehen des Nahen Ostens höchst ungewöhnlich.

Ich habe darauf bestanden, dass auch Israelis im Film zu Wort kommen und sich zu einem zukünftigen Krieg und seinen Folgen äußern konnten.

2012, weniger als zwei Jahre nach der Ausstrahlung des Films, bekam ich die Gelegenheit, meine Erfahrung aus der Dokumentation auf einer ungleich höheren Stufe anzuwenden, bei der Arbeit an einer zweiteiligen Reportage namens „Am Rande des Abgrunds".

Damals versuchten die USA und Iran gerade vergeblich, ein Abkommen über Teherans Nuklearprogramm zu treffen. Das zentrale Thema meines Films war ein drohender Krieg in der Region, an dem der Iran, die USA, Israel, Syrien und der Libanon beteiligt waren. Es ist mir gelungen, hochrangige Personen aus den USA, Russland, Iran, Israel, Libanon und Syrien für den Film zu interviewen.

Schon kurz nach der Ausstrahlung des ersten Teils betonte ein israelischer Kommentator in einem Live-Interview im israelischen ersten Programm die Ausgewogenheit des Films.

Obwohl der Kommentar von jemandem kam, dessen Land einen Teil meines Landes besetzt und das zweimal in zehn Jahren mein Haus zerstört hat, fühlte ich mich bestätigt.

Journalist*innen im Nahen Osten, die sich mit politischen und öffentlichen Themen auseinandersetzen, müssen immer befürchten, kritisiert oder persönlich bedroht zu werden.

Ich wurde nach jedem Artikel und nach jeder Dokumentation auf alle möglichen Arten angefeindet und bedroht. Nach 15 Jahren Filmschaffen habe ich gelernt, dass Diversität im Nahen Osten keine besondere Kategorie ist. Sie stellt vielmehr die einzige Möglichkeit dar, Differenzierung und Objektivität in den Medien zu erreichen.

WEISSE FLECKEN AUF DER LANDKARTE DER WISSEN-SCHAFT

Die Forschung ist international. Bis sie in die marktführenden englischsprachigen Wissenschaftsmagazine kommt. Dann verschwinden plötzlich manche Länder von der Landkarte, zum Beispiel Lateinamerika. Damit möchte sich **LAURA VARGAS-PARADA** nicht abfinden.

Ein großer, aber auch enttäuschender Moment war das für Jaime Urrutia Fucugauchi. Der mexikanische Geophysiker war Mitglied der international besetzten „Expedition 364", die bei Bohrungen am Meeresgrund auf Gesteinsproben gestoßen war, aus denen sich das extreme mechanische Verhalten von Gestein beim Einschlag eines Meteoriten ablesen lässt. Die Proben sind 66 Millionen Jahre alt und stammen aus der Zeit, als vor der Yucatán-Halbinsel im heutigen Mexiko ein Meteorit in die Erde einschlug und damit ein Massensterben auslöste, das rund 75 Prozent aller damaligen Arten auslöschte und das Zeitalter der Dinosaurier beendete. Über den gigantischen Krater mit einem Durchmesser von circa 200 Kilometern mit seinem Zentrum nahe der mexikanischen Hafenstadt Chicxulub ist schon viel geschrieben worden. Aber jetzt lagen zum ersten Mal wichtige Daten vor, mit denen sich erforschen lässt, was in den ersten Hunderttausend Jahren unmittelbar nach dem Einschlag geschah.

Dem Bohrkern, der in der internationalen Presse viel Beachtung fand, waren jahrelange Vorarbeiten von Wissenschaftler*innen aus aller Welt vorausgegangen. Auch ein Team aus Mexiko war an dem Erfolg maßgeblich beteiligt.[29, 30] Aber als die Nachricht in die Medien kam – unter anderem „Discover Magazine", die „BBC News", „NPR" und „Science" berichteten darüber – wurden sie nicht erwähnt.

In einem Gespräch mit Urrutia Fucugauchi in seinem Büro an der „National Autonomous University of Mexico" (UNAM) erfahre ich, dass „die Erforschung des Kraters überhaupt nur durch mexikanische Bohrungen möglich wurde, die bereits lange vorher durchgeführt worden waren". Es waren die mexikanischen Wissenschaftler*innen, die die Standorte für die Bohrungen und den Ort für die Installation der Bohrplattform für die „Expedition 364" festlegten. „Wir haben auch die in den Schutzgebieten, in denen das alles stattfand, erforderlichen Risikoanalysen und Umweltverträglichkeitsprüfungen durchgeführt", sagt der Geophysiker, der 2018 von der „Royal Astronomical Society" in Großbritannien geehrt wurde.

* * *

Das Gefühl, keine Sichtbarkeit in der Auslandspresse zu erhalten, kennen auch argentinische Forscher*innen. Der Journalist Federico Kukso schreibt in „Undark"[31], dass „Forscher*innen aus der aus westlichen Ländern eindeutig Privilegien genießen bei englischsprachigen Nachrichtenanbietern – jedenfalls immer dann, wenn es um Kooperationen von amerikanischen oder britischen mit lateinamerikanischen Wissenschaftler*innen geht".

So wurden etwa die argentinischem Paläontolog*innen, die an drei großen Dinosaurierfunden beteiligt waren, in angloamerikanischen Nachrichtensendungen gar nicht oder nur am Rande erwähnt. Ein Beispiel ist die Meldung in den „CBC-News" mit dem Wortlaut „Professor aus Edmonton entdeckt neuen Megaraptor in Argentinien", obwohl die wissenschaftliche Originalveröffentlichung in „PLOS ONE", auf die in der Meldung Bezug genommen wurde, von zwei Autoren verfasst worden war, Rodolfo Coria aus Argentinien und Philip Currie aus Kanada, und mit der Fußnote versehen war, dass „beide Autoren gleichermaßen am Werk beteiligt sind".[32] Zwar wurde Coria in der „CBC"-Meldung namentlich erwähnt, aber insgesamt entstand der Eindruck, die Entdeckung der Dinosaurier sei im Wesentlichen das Verdienst des kanadischen Forschers.

* * *

Im Jahr 2017 berichtete der kanadische Wissenschaftsautor Carl Zimmer für die „New York Times" über einen kurz zuvor von Primatolog*innen in der Zeitschrift „Science Advances"[33] veröffentlichte wissenschaftliche

Entdeckung und interviewte dafür zwei von insgesamt 31 Koautor*innen. Nicht zu Wort hingegen kam der mexikanische Biologe Alejandro Estrada, der an erster Stelle genannte „korrespondierende" Autor des Beitrags. „Ich halte es für durchaus bedenkenswert, wie Journalist*innen in ihren Artikeln die Vielfalt unter den Wissenschaftler*innen besser widerspiegeln können, aber es gibt so viele Anforderungen an uns, dass wir darauf nicht immer Rücksicht nehmen können", schreibt mir Zimmer auf Anfrage zurück. Die meisten Artikel entstünden unter extremem Zeitdruck.

„Für uns ist es am besten, wenn wir uns an die von der Zeitschrift selbst als Pressekontakt angegebenen Wissenschaftler*innen wenden", und in diesem Fall sei der mexikanische Wissenschaftler dort eben nicht aufgeführt gewesen. Schreibe man andere Wissenschaftler*innen an, bestehe die Gefahr, dass man vergeblich auf eine Antwort warte oder an eine*n Koautor*in gerate, der oder die nur über Details, nicht aber über das Gesamtergebnis etwas zu sagen wisse. Dabei verliere man viel Zeit, die man gar nicht habe.

* * *

Wie lässt sich die kulturelle Blindheit im Wissenschaftsjournalismus überwinden? Lizzie Wade, seit 2013 Wissenschaftsredakteurin für das „Science Magazine" mit Sitz in Mexiko City, führt das Problem unter anderem darauf zurück, dass ein Großteil der bedeutenden Forschung aus Lateinamerika in den relevanten internationalen wissenschaftlichen Zeitschriften gar nicht erst auftaucht. Entsprechend schwierig sei es „für uns Journalist*innen, uns einen Überblick über die Forschungslandschaft zu verschaffen und die interessanten Geschichten oder Topleute unter den Wissenschaftler*innen überhaupt zu finden". Beispiel Archäologie: Die bedeutenden Funde und wichtigen Erkenntnisse mexikanischer Archäolog*innen erscheinen ausschließlich in der mexikanischen Fachzeitschrift „Arqueología Mexicana".

Mangelnde Sprachkenntnisse sind da eine Barriere. An den lateinamerikanischen Wissenschaftler*innen liege das nicht, so Wade, „denn die sprechen ja meistens Englisch".

* * *

Erik Vance, ein freiberuflicher Wissenschaftsautor, der sieben Jahre lang aus Mexiko City für „Scientific American" und „National Geographic" tätig war, weist auf ein anderes Problem hin. Viele mexikanische Wissenschaftsinstitutionen hätten keine Pressestelle oder Zuständige für Wissenschaftskommunikation. Das mache es Journalist*innen schwer, an relevante Nachrichten aus den Forschungszentren vor Ort zu kommen. Vance ist überzeugt davon, dass man selbst etwas dafür tun muss, die Forschung im eigenen Land auch international bekannt zu machen. Wissenschaftskommunikator*innen müssen auf die Presse zugehen, aktiv Kontakte knüpfen und pflegen, so wie das in Ländern wie Kanada, Israel, Südafrika oder Deutschland gemacht wird. „Wer Berichte über sich lesen will, muss auch dafür sorgen, dass sie überhaupt erscheinen können", sagt er. „Und sei es nur mit einer Pressemitteilung, die man rausbringt, sobald in einer Fachzeitschrift über ein Forschungsergebnis berichtet wird. Aber das geschieht sogar an den Institutionen, die eine Pressestelle haben, häufig nicht."

Auch er weist auf das von Zimmer angesprochene Problem hin. „Oft erhalte ich keine Antworten, wenn ich Wissenschaftler*innen Anfragen schicke, vor allem an den kleineren Universitäten außerhalb von Mexiko-Stadt. Ich habe mir sagen lassen, das liege daran, dass viele denken, Journalist*innen würden ihre Forschung sowieso nicht verstehen und sie falsch darstellen."

Nicht zuletzt, so Vance und Wade, sei aber auch die Landespresse selbst wichtig. Sie müsse dafür sorgen, dass häufiger über wissenschaftliche Themen berichtet werden. Wenn in der mexikanischen Presse nichts berichtet wird, kann eine Meldung auch nicht ihren Weg in die Welt finden", so Wade. „Umgekehrt heißt das aber auch, dass mexikanische Journalist*innen es ein bisschen selbst in der Hand haben, die internationale Berichterstattung kulturell ausgewogener zu machen. Der erste Schritt ist eine Veröffentlichung in den eigenen Blättern. Der zweite kann darin bestehen, die eigenen Artikel dann internationalen Zeitschriften mit wissenschaftlichen Schwerpunkten oder Sparten anzubieten."

Der mexikanische Wissenschaftsjournalist Emiliano Rodríguez, der gerade ein Volontariat bei „Nature" absolviert, sieht das eher skeptisch: „Wenn man nicht vor Ort ist und die Redaktion einen nicht kennt, dürfte das eher schwierig sein." Aber seiner Ansicht nach hat es sogar einen Vorteil, aus einem der weniger „prominenten" Länder zu stammen. Schließlich haben die Journalist*innen dort praktisch Exklusivzugang zu wissenschaftlichen Quellen, Erfindungen und Entdeckungen, die ihren Kolleg*innen aus dem Ausland allein schon aufgrund mangelnder Sprachkenntnisse verwehrt bleiben. Wenn es lateinamerikanischen

Journalist*innen gelinge, „die unsichtbaren Geschichten und interessanten Blickwinkel aufzuspüren, über die sonst niemand berichtet", können sich Türen öffnen.

Rodrigo Pérez Ortega, Student des Wissenschaftsjournalismus in Santa Cruz, Kalifornien, der bereits für „The Open Notebook" und das „Knowable Magazine" gearbeitet hat, glaubt, das Problem mit der kulturellen Unausgewogenheit gehe weit über den Wissenschaftsjournalismus hinaus. Vielfalt sei auch in anderer Hinsicht ein Thema in der Branche: „Wie soll es zu einer unvoreingenommenen Berichterstattung kommen, wenn die Redakteur*innen und Reporter*innen in der weit überwiegenden Mehrheit weiße Männer sind, Freelancer*innen aus anderen Teilen der Welt miserabel bezahlt werden und Diversität in der Zusammensetzung von Redaktionen nach wie vor kaum eine Rolle spielt?"

MASCHINEN MIT VORURTEILEN

Algorithmen sind angeblich neutral. Dabei können sie diskriminieren. Genauso wie die Menschen, auf deren Modellen und Annahmen sie beruhen. Was Journalist*innen dagegen tun können? Die deutsche „Spiegel"-Journalistin **CHRISTINA ELMER** hat ein paar Vorschläge.

Schon heute bestimmen Algorithmen unser Leben in weiten Teilen, auch wenn wir das nicht immer merken. Sie entscheiden, ob wir kreditwürdig sind, ob wir Sonderangebote beim Einkaufen bekommen, sie betreiben Gesichtserkennung für Polizeikontrollen. Das gelingt ihnen, indem sie große Datenmengen nach Mustern durchforsten, von denen sie Vorhersagen ableiten. Angeblich kommen sie auf diesem Weg zu objektiven Entscheidungen. So jedenfalls lautet das Versprechen.

Der Haken daran: Ganz so frei von Diskriminierung wie behauptet sind die Programme nicht. Schließlich werden Datensätze von Menschen gemacht, die in einer diskriminierenden Welt leben. Einer Welt, die von diesen Daten beschrieben und mitunter reproduziert wird. So kommt es, dass auch Algorithmen bestimmte Personengruppen benachteiligen und vorhandene Ungerechtigkeiten noch verschärfen können – je nachdem, mit welchen Quellen sie gefüttert werden. Im schlimmsten Fall ist eine Maschine so vorurteilsbeladen wie die Datensätze, mit denen sie arbeitet.

In ihrem Buch „Angriff der Algorithmen"[34] verdeutlicht die amerikanische Mathematikerin Cathy O'Neil das etwa am Beispiel des Rassismus, der Überzeugung, eine bestimmte Rasse sei einer anderen aufgrund bestimmter angeborener biologischer Eigenschaften über- oder unterlegen: Der Rassismus, schreibt sie, „wird durch zufällige Datenerfassung und falsche Korrelationen angetrieben, durch institutionelle Ungerechtigkeiten verstärkt und durch Bestätigungsfehler vermüllt".

Wie das in der Realität funktioniert, zeigt ein Versuch aus dem Jahr 2016[35] mit der Google-Bildsuche-Funktion, bei der die beliebtesten Bilder an erster Stelle auftauchen. Die Suche nach „drei weißen Teenagern" ergab harmlose Archivfotos, während das Stichwort „drei schwarze Teenager" zu allererst Bilder von Kriminellen zeigte. Der Algorithmus verstärkte damit Vorurteile, obwohl er im Prinzip korrekt funktionierte. Die Verzerrung ergab sich allein aus den Datenquellen, den Bildbibliotheken und den Nachrichtenportalen, aus denen er die am meisten aufgerufenen Bilder auswählte. Solche und ähnliche Faktoren tragen dazu bei, dass Algorithmen gefährlich werden können.

Ein anderes Beispiel ist die Risikobewertungssoftware „COMPAS", die von US-Gerichten eingesetzt wird, um die Rückfallwahrscheinlichkeit von Straftäter*innen zu beurteilen. Die ehemaligen „ProPublica"-Journalist*innen Julia Angwin und Jeff Larson verglichen zusammen mit Kolleg*innen[36] die Voraussagen des Programms mit Blick auf verschiedene ethnische Gruppen. Dafür wählten sie eine Gruppe von 7.000 Angeklagten in Florida aus und verglichen die Voraussagen mit den tatsächlichen Wiederholungstaten. Dabei stellte sich heraus, dass die Software das Rückfallrisiko von Schwarzen grundsätzlich zu hoch einschätzte, das von Weißen hingegen zu niedrig.

Dieser Effekt war auch dann noch sichtbar, wenn andere Faktoren wie Geschlecht, Alter und Art des Verbrechens herausgerechnet wurden. Wie er zustande kommt, ist allerdings schwer zu erklären. Denn die Kriterien, nach denen das Programm arbeitet, sind nicht transparent. Versucht man, ihnen auf die Spur zu kommen, stößt man nur auf wenige Indizien – etwa auf einen Fragebogen, der aus 137 Kriterien in unterschiedlichen Kategorien[37] besteht und auf dem der Algorithmus offenbar basiert.[38]

Im schlimmsten Fall verstärkt sich so ein System selbst, über Rückkopplungseffekte.[39] Zu beobachten ist das beispielsweise auf dem Gebiet des „Predictive Policing", wo Algorithmen unter anderem dafür genutzt werden, Gegenden zu identifizieren, in denen eine erhöhte Präsenz der Polizei notwendig ist. Die Basis dieser Voraussagen sind Verbrechensprognosen. Wenn bestimmte Bevölkerungsgruppen als besonders verdächtig gelten und vermehrt kontrolliert werden, erfasst die polizeiliche Statistik auch in der Regel mehr Fälle – und die Prognose bestätigt, zementiert sich. Dieser diskriminierende Effekt konnte für den Algorithmus „PredPol", der in der Polizeiarbeit in mehreren US-Bundesstaaten eingesetzt wird, bereits nachgewiesen werden.[40]

Diese Beispiele zeigen das Potenzial für weitreichende Auswirkungen, die von vermeintlich objektiven Algorithmen für bestimmte Bevölkerungsgruppen oder die gesamte Gesellschaft ausgehen. Nur, dass die Öffentlichkeit zumeist wenig darüber weiß. Umso wichtiger ist es, dass wir Journalist*innen diese Effekte recherchieren und verständlich machen. Doch dafür bräuchte es Transparenz. Die Algorithmen selbst sind in der Regel nicht zugänglich, ebenso wie die Mechanismen, auf deren Basis diskriminierende Effekte zustande kommen.

Wir müssen uns also besondere Strategien einfallen lassen. Erstens können wir Informationsfreiheitsgesetze nutzen, um Einzelheiten über die Algorithmen in Erfahrung zu bringen, die von den Behörden verwendet werden. Zweitens können wir eigene Forschungsprojekte entwickeln und mit experimentellen Designs herausfinden, wie bestimmte Aspekte der Datenauswertung im Hintergrund funktionieren. Und drittens können wir Crowdsourcing-Projekte starten, um Daten für Analysen zu sammeln. So lässt sich evaluieren, welche Auswirkungen ein Algorithmus tatsächlich bereits auf unser Alltagsleben hat – und aus den Daten lässt sich im besten Fall ablesen, wie er im Detail funktioniert. Hier einige Beispiele:

Einblicke in die Black Box

Wie groß ist der Einfluss von Suchmaschinen auf die politische Meinungsbildung vor einer Wahl? Um diese Frage zu klären, haben wir uns beim „Spiegel" im Vorfeld der Bundestagswahl 2017 mit der deutschen NGO „AlgorithmWatch" zusammengetan. Im Fokus stand die Frage, ob Suchergebnisse für die Nutzer*innen personalisiert werden und wie stark dieser Effekt ist. Zu diesem Zweck starteten wir ein Crowdsourcing-Projekt unter der Überschrift „Datenspende: Google und die Bundestagswahl 2017" und baten die Internetnutzer*innen um Mithilfe. Unser Datenjournalismus-Team war an der Planung des Projekts und Auswertung der Daten beteiligt. Es stellte sich heraus, dass die individualisierte Wahlwerbung weniger intensiv betrieben wurde als erwartet und die Befürchtung einer Ungleichbehandlung damit als weitgehend unbegründet gelten konnte. Parallel dazu haben wir den amerikanischen Non-Profit-Newsroom von „ProPublica" dabei unterstützt, mit einem Browser-Plug-in[41] deutsche Wahlwerbung auf „Facebook" zu sammeln und auszuwerten. Ziel war es herauszufinden, welche Parteien welche Anzeigen auf „Facebook" schalten – und wie stark sie diese auf bestimmte Zielgruppen zuschneiden. Auch dabei ergab sich, dass die Parteien zielgerichtete Werbung bei „Facebook" nicht so umfassend einsetzten wie erwartet.

Nach diesen ersten Erfahrungen wagte sich der „Spiegel" dann 2018 mit einem großen Crowdsourcing-Projekt an eine echte Blackbox. Die „Schufa" ist die einflussreichste Auskunftei Deutschlands: Sie sammelt Daten von mehr als 67 Millionen Verbraucher*innen und trifft Vorhersagen über ihre Zahlungsmoral und Kreditwürdigkeit. Laut Datenschützer*innen passiert es immer wieder, dass die zu einer Person gespeicherten Daten fehlerhaft oder unvollständig sind. Beides kann gravierende Auswirkungen auf den sogenannten Score einer Person haben – und damit auf die Entscheidung, ob sie ein Bankkonto eröffnen oder einen Mietvertrag abschließen kann. Wie genau das „Schufa"-Scoring funktioniert, ist ein Geschäftsgeheimnis.

Um mehr über die Funktionsweise der „Schufa" zu erfahren, taten wir uns mit Kolleg*innen vom Data-Team des „Bayerischen Rundfunks" zusammen, von denen wir wussten, dass sie ebenfalls an diesem Thema arbeiten. Und wir koordinierten uns mit den Organisationen „Open Knowledge Foundation Deutschland" (OKF) und „AlgorithmWatch".

Da wir den „Schufa"-Algorithmus nicht direkt untersuchen konnten, wurden Verbraucher*innen bei der Aktion dazu aufgerufen[42], die eigene kostenlose Selbstauskunft bei der „Schufa" zu beantragen und dem Projekt zur Verfügung zu stellen. 2.800 Personen folgten dieser Bitte zur Datenspende. Die Auskünfte enthielten die Scores der „Schufa" sowie die aktuelle Einschätzung der Kreditwürdigkeit. So konnten wir etwa feststellen, dass der Algorithmus ältere weibliche Personen privilegiert, und Personen, die häufig umziehen, ein „erhöhtes Risiko" bescheinigt. Ein weiterer Befund war, dass einige Algorithmen unterschiedliche Scores für Personen mit den gleichen Basisdaten erzeugen. Bestimmte Zielgruppen werden auf diese Weise diskriminiert, ohne Einfluss auf das System nehmen zu können – ein Ergebnis, das bislang nicht bekannt war.

Gleiche Basisdaten, unterschiedliche Ergebnisse: Vergleiche innerhalb einer Gruppe von eigentlich ähnlichen Fällen können Hinweise auf Ungleichbehandlung geben. Dann wird deutlich: Es muss externe Faktoren geben, die das Ergebnis verzerren. Die Suche nach solchen Konstellationen kann also eine nützliche Strategie bei der Untersuchung eines Algorithmus sein. Lohnenswert ist darüber hinaus, nach diskriminierenden Effekten und Fehlerhäufigkeiten – falsch positiven und falsch negativen Ergebnissen – Ausschau zu halten. Das geht auch ohne vollständige Transparenz: Bereits ein Blick auf die Ergebnisse eines Algorithmus in möglichst vielen verschiedenen Fällen kann aussagekräftige Resultate zutage fördern. Welche Fragestellungen sich dabei für die Analyse besonders eigenen, stellt sich oft erst im Laufe der Untersuchung heraus – es ist also gut, erst einmal möglichst viele Strategien zu verfolgen.

Generell ist es ratsam, vor Beginn eines solchen Crowdsourcing-Projekts ein klar definiertes Ziel festzulegen, etwa die Sensibilisierung der Öffentlichkeit für ein konkretes Problem. Weniger sinnvoll erscheinen Projekte, die sich vornehmen, einen Algorithmus bis ins Detail zu dekonstruieren oder jeden diskriminierenden Effekt zu untersuchen, den er haben könnte – dafür wären viele umfangreiche Datensammlungen erforderlich. Auch im Sinne der Leser*innen ist diese Strategie sinnvoll – ihr Interesse liegt in der Regel vor allem darin zu erfahren, wie sich ein Algorithmus auf ihr Alltagsleben auswirkt.

Algorithmen sind aber nicht nur Gegenstand der Recherche, wir nutzen sie auch in unseren eigenen Projekten. Auch hier müssen wir darauf achten, keine verzerrenden Effekte zu produzieren. Um unsere Arbeitsabläufe und Rechercheinstrumente effektiv zu hinterfragen, können wir die gleichen Fragen und Strategien nutzen. Ein großer Vorteil: Hier können wir Algorithmen bis ins kleinste Detail untersuchen und optimieren. Journalist*innen sollten diese Gelegenheit nutzen, um Verzerrungen zu vermeiden und ihre Leser für die zugrunde liegenden Mechanismen zu sensibilisieren. Wir brauchen dringend ein stärkeres Bewusstsein für den Einfluss von Algorithmen – sowohl in der Gesellschaft als auch in den Redaktionen.[43]

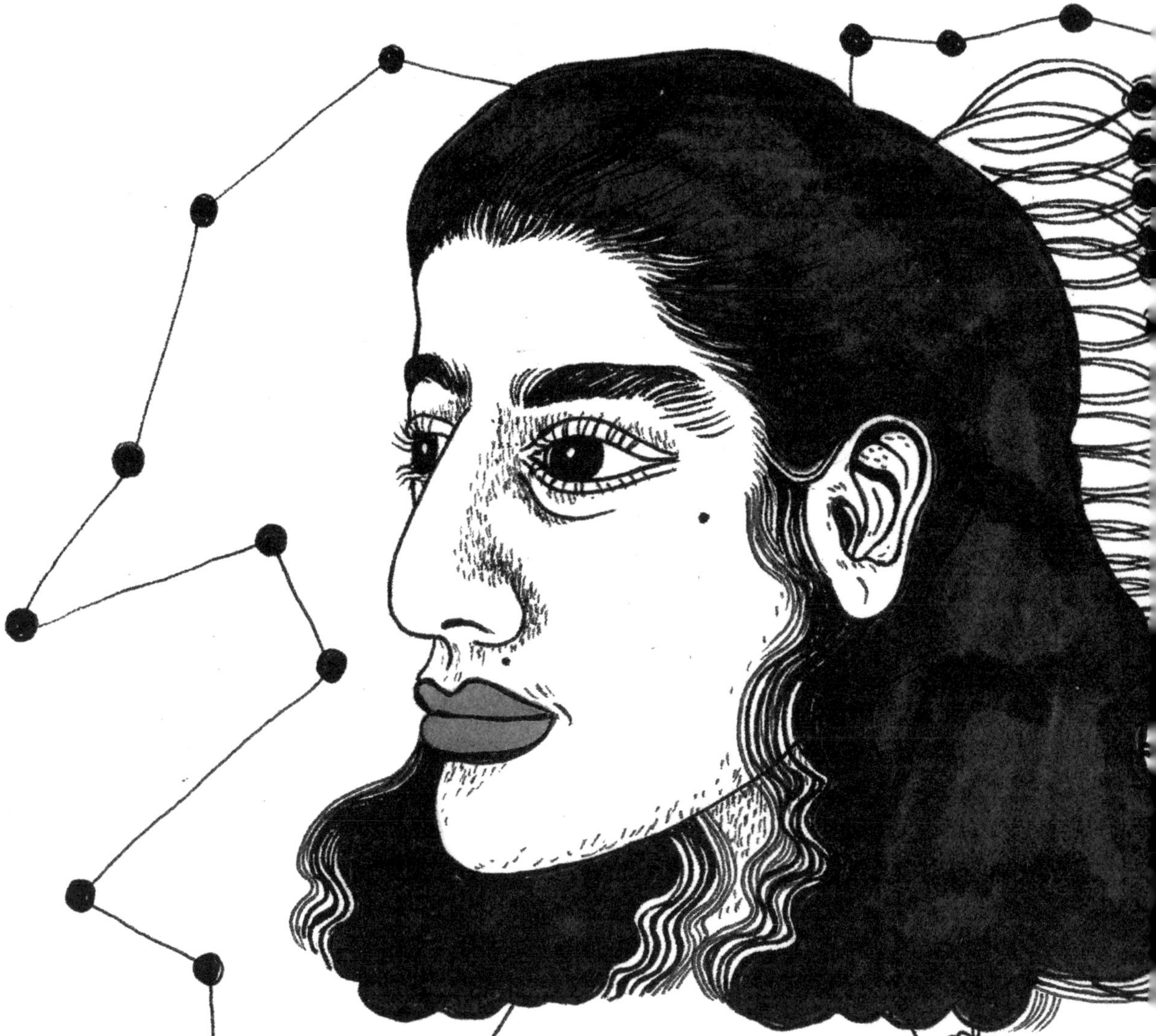

GIRAFFEN GERAPPEL

Erster Teil

		Spiel 1 (T)	Spiel 2 (L)	Spiel 3 (L)	Spiel 4 (T)	Spiel 5 (L)	Spiel 6 (T)
1er	Zähle nur die Einsen!	-1	-2	-1	+1	-2	+1
2er	Zähle nur die Zweien!	-2	+2	-16	-4	-2	-2
3er	Zähle nur die Dreien!	-3	0	+3	0	0	+3
4er	Zähle nur die Vieren!	0	-8	0	+4	0	+4
5er	Zähle nur die Fünfen!	+5	+5	+5	0	+5	-5
6er	Zähle nur die Sechsen!	0	+6	+16	+6	0	0
ZWISCHENSUMME				70	70	64	64
BONUS BEI 63 UND MEHR	Plus 35 Punkte			105	105	95	95
ZWISCHENSUMME	Erster Teil						

Zweiter Teil

		Spiel 1	Spiel 2	Spiel 3	Spiel 4	Spiel 5	Spiel 6
DREIERPASCH	Alle Augen zählen	28	21	28	/	27	24
VIERERPASCH	Alle Augen zählen	/	28	12	/	29	/
FULL HOUSE	25 Punkte	25	30	30	25	25	30
KLEINE STRAßE	30 Punkte	35	30	/	30	30	30
GROßE STRAßE	40 Punkte	40	/	45	40	/	40
Giraffengerappel	50 Punkte	/	50	/	/	/	
CHANCE	Alle Augen zählen	21	24	22	22	25	21
ZWISCHENSUMME	Zweiter Teil			137		136	145
ZWISCHENSUMME	Erster Teil			242	232	231	240
ENDSUMME							

L	T
550	1100
900	1700
1400	2700
2850	3200
1850	3850
3000	
3300	
3650	
4350	
6350	

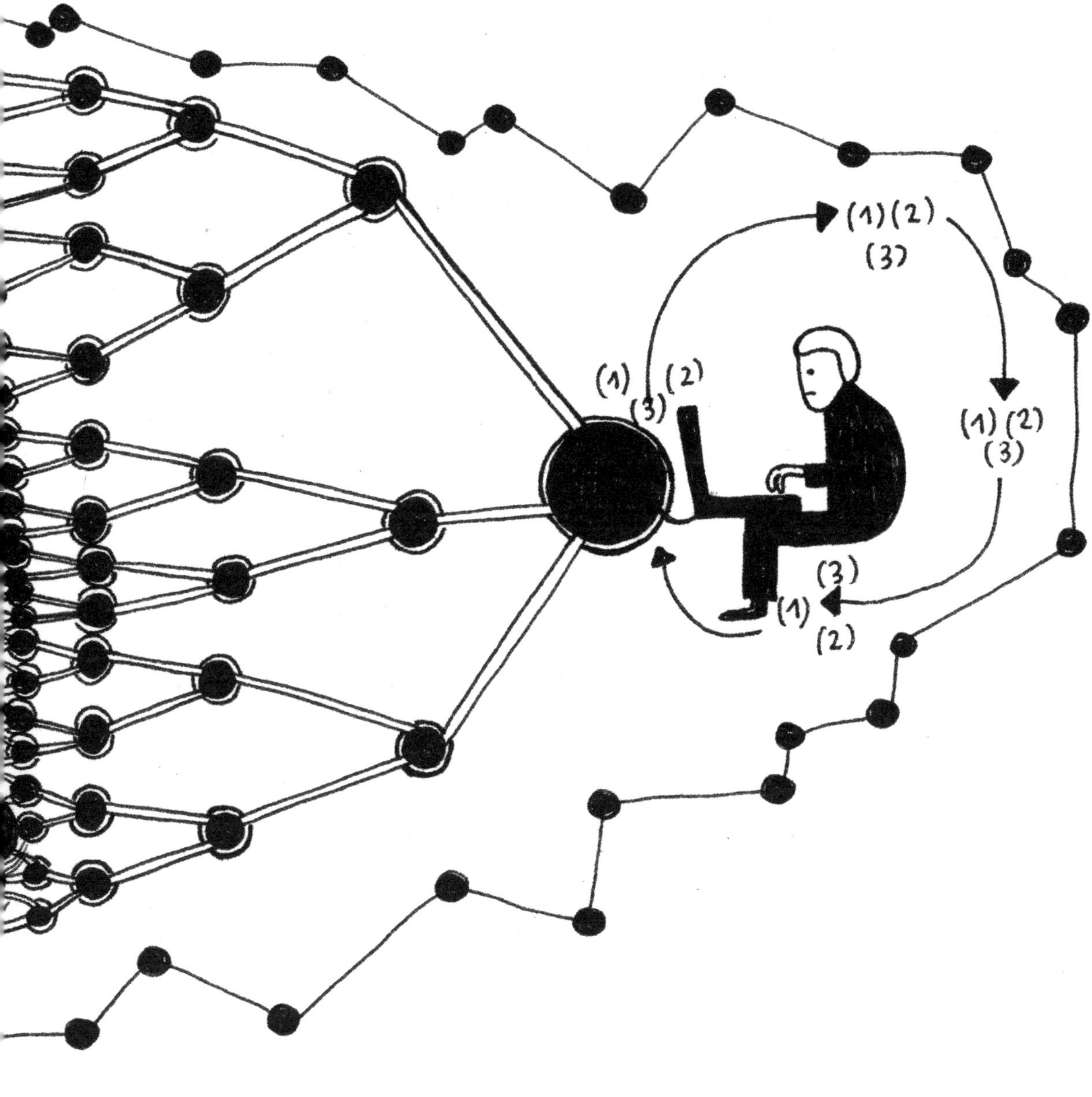
(1)(2)
(3)
(1) (2)
(3)
(1) (2)
(3)
(3)
(1)
(2)

OHNE ANSCHLUSS

PRISCILA PACHECO über das größte Hindernis bei der Berichterstattung aus der Peripherie einer lateinamerikanischen Stadt: Verlässlicher Zugang zu Internetservern ist dort Mangelware.

Ein Sonntagabend, Anfang 2019. Gerade bin ich von einer zwölftägigen Reise in den Bundesstaat Amazonas im Norden Brasiliens heimgekehrt. Zu Hause erwartet mich eine unschöne Nachricht: Der Internetdienst, den ich abonniert habe, ist vorübergehend unterbrochen. Eine Überraschung ist das nicht. Denn bei uns sind Unterbrechungen der Internetverbindung – aufgrund einer defekten Infrastruktur oder weil die überirdisch verlegten Kabel gestohlen werden – alles andere als eine Seltenheit. Mir fallen auf Anhieb gleich mehrere Situationen aus dem Vorjahr ein, in denen das passiert ist: Wie ärgerlich, beim Aufwachen festzustellen, dass ich zu Hause mal wieder nicht ins Internet komme und anderthalb Stunden verschwenden muss, um mit Bus, U-Bahn und Zug in die Innenstadt zu fahren und mir dort irgendwo einen Platz zum Arbeiten zu suchen. Unzählige Stunden habe ich in irgendwelchen Fastfood-Restaurants verbracht, nur um auf eine halbwegs zuverlässige WLAN-Verbindung zugreifen zu können.

Eine miserable Internetverbindung ist seit vielen Jahren das wohl häufigste Hindernis, das meiner journalistischen Arbeit im Wege steht. Kennen Sie das beschämende Gefühl, den Menschen, die Sie interviewt haben – oder der Redaktion, für die Sie arbeiten – sagen zu müssen, dass Ihr

Internetanschluss zu Hause einfach nicht gut genug ist, um die journalistische Qualität zu garantieren, die Sie eigentlich zu liefern imstande sind? Es gibt viele Journalist*innen, denen das so geht. Die größte Herausforderung, die sie bei der Fertigstellung und Veröffentlichung eines Textes zu bestehen haben, ist es, eine verlässliche Internetverbindung zu finden.

Ich zahle monatlich für einen Vertrag, der mir einen 2-Mbit/s-Internetanschluss für den heimischen Internetzugang zusichert. Als ich das Problem, auf das ich bei der Rückkehr von meiner Reise gestoßen bin, bei meinem Internetprovider melde, erkundige ich mich auch nach der Möglichkeit, eine schnellere Verbindung zu buchen. Selbstverständlich, lautete die Antwort, in meiner Wohngegend sei ein Upgrade möglich, auf maximal 15 Mbit/s. Ich ändere also den Vertrag. Als die Mitarbeiter*innen der Firma bei mir eintreffen, um das Problem zu beheben, steht allerdings eine weitere Überraschung an: „15 Mbit/s – völlig ausgeschlossen bei der prekären Netzwerkinfrastruktur hier", sagt der Techniker. Die schnellere Verbindung ist erst einige Meter weiter entfernt von meiner Wohnung möglich. Diese Geschichte könnte überall spielen, in irgendeiner beliebigen, abgelegenen Kleinstadt. Aber sie spielt in einer Metropole, in einem der wichtigsten Finanzzentren Lateinamerikas: in São Paulo. Hier arbeite ich, allerdings am Stadtrand. Und das macht einen gewaltigen Unterschied.

Ich wohne in Grajaú, einem Stadtteil im Süden von São Paulo, der mit zwölf Millionen Einwohner*innen größten Stadt Brasiliens. Hier bin ich auch aufgewachsen. Es ist das am dichtesten besiedelte Viertel São Paulos, derzeit leben hier 387.148 Menschen. Laut der NGO „Rede Nossa São Paulo" liegt die Lebenserwartung der hiesigen Bevölkerung bei 59 Jahren. In Jardim Paulista, einem wohlhabenden Viertel im Westen der Stadt, beträgt sie 81 Jahre.

Kulturell ist Grajaú alles andere als randständig oder unbedeutend. Hier gibt es viele Kunstausstellungen, Samba-Sessions ... Es ist ein lebendiges und bei Künstler*innen beliebtes Viertel, sie finden hier jede Menge Inspiration. Auch meine Arbeit als Journalistin basiert auf dem Rhythmus, den die kleinen Geschichten und Erlebnisse des hiesigen Alltags mir vorgeben. Die Stimmen aus den Randgebieten, aus der Peripherie, haben ein Recht darauf, in die Nachrichten zu gelangen und gehört zu werden – und zwar so, wie die Menschen, die dort leben, sie am eigenen Leib erfahren. Durch meine Arbeit als Journalistin in Grajaú habe ich Kolleg*innen kennengelernt, die mit ähnlichen Problemen wie ich zu kämpfen haben. Lucas Veloso und Luana Nunes sind zwei von ihnen. Beide arbeiten für die „Agência Mural de Jornalismo das Periferias", eine Medienkooperative für hyperlokale Berichte aus Regionen, aus denen die Journalist*innen selbst stammen.

Lucas lebt im Zentrum von São Paulo. Am Wochenende kehrt er an den Stadtrand nach Guaianases zurück, wo er aufgewachsen ist. An beiden Wohnorten zahlt er bei ein und demselben Unternehmen für einen 100-Mbit/s-Internetzugang. Der Preis ist an beiden Orten ungefähr gleich hoch, die Qualitätsunterschiede hingegen sind dramatisch. Wenn Lucas aus Guaianases berichtet, muss er darauf verzichten, mit Bildern oder Videos zu arbeiten, sich zu Skype-Interviews oder WhatsApp-Anrufen zu verabreden. Die Erklärung des Anbieters „Vivo", bei dem er Kunde ist: Einige Regionen von São Paulo werden per Kupferkabel mit dem Internet versorgt, einer inzwischen veralteten Technologie. In anderen Teilen der Stadt nutzt das Unternehmen bereits das deutlich effizientere Verfahren einer Internetinfrastruktur auf Basis von Glasfasern. Aber die technologischen Unterschiede erklären noch nicht alles. Viele Unternehmen bieten ihre Dienste erst gar nicht außerhalb der Ballungszentren an. Zu den wenigen Ausnahmen gehören „NET" und „TIM", zwei weitere wichtige Akteure auf diesem Feld. In vielen Gegenden hat die Bevölkerung also gar keine andere Wahl, als sich mit einem schlechten Internetzugang abzumühen.

Luana lebt und arbeitet in Parelheiros, einem Stadtteil in der Nähe von Grajaú. Auf der Suche nach einem geeigneten Internetprovider fand sie heraus, dass auch in ihrer Region die Verfügbarkeit von Internetdiensten eingeschränkt ist. Luana entschied sich daher für einen „lokalen Provider", der einen unabhängigen Internetdienst im eigenen Haus betreibt: Seit 2018 bezahlt sie jeden Monat 55 R$ (ca. 13 €) für eine 3-Mbit/s-Internetverbindung. Der Service ist oft langsam und unzuverlässig. Luanas arbeitet mit Videos und Fotografie. Für die Übertragung des Bildmaterials an die Redaktionen braucht ihr Rechner oft Stunden. Auch das Herunterladen von E-Mail-Anhängen stellt sie jeden Tag vor neue Probleme. Häufig fällt der Provider aus, mal nur vorübergehend, mal tagelang. Auch als ich Luana für diesen Artikel interviewen will, ist sie drei Tage lang offline. Weil die Verbindung mit dem Handy immer wieder zusammenbricht, klettert sie schließlich irgendwo in der Nähe ihrer Wohnung auf einen Hügel, um mit mir zu telefonieren.

Dies sind nur zwei von vielen Beispielen, die zeigen, mit welchen Schwierigkeiten Journalist*innen bei der Berichterstattung aus Vierteln am Stadtrand zu kämpfen haben. Ihren Kolleg*innen aus den Innenstädten sind solche Herausforderungen fremd. Das heißt, dass Menschen mit vergleichbaren Qualifikationen, Hintergründen und handwerklichen Fähigkeiten für die Fertigstellung und Verbreitung ihrer Arbeit an der Peripherie zwangsläufig mehr Zeit benötigen als in den Stadtzentren.

Aber auch für die Zielgruppen der Berichterstattung gelten unterschiedliche Bedingungen, wenn es um den Zugang zum Internet geht. In manchen Gegenden kann das Herunterladen von Webseiten oder Videos Minuten, wenn nicht sogar Stunden dauern. Wer so lange warten muss, verzichtet manchmal lieber auf die Information. Die Produktion von Multimedia-Content steht heute im Zentrum vieler Debatten. Eine wichtige Frage in diesem Zusammenhang lautet meiner Ansicht nach aber: „Wer kann auf die Inhalte zugreifen?" Damit will ich nicht sagen, dass wir in die Vergangenheit und zurück zu den Printmedien sollten, sondern dass es von entscheidender Bedeutung ist, den schnellen Zugang zu einem hochwertigen Internet demokratischer als bisher zu gestalten.

* * *

Laut brasilianischem Internetgesetz hat jede*r Bürger*in das Recht auf Zugang zu einer hochwertigen Internetverbindung. Weiterhin hebt das Gesetz hervor, dass das Internet ein grundlegendes Instrument für die Ausübung der Staatsbürgerschaft ist. Aus einer Umfrage des „Regionalen Studienzentrums für die Entwicklung der Informationsgesellschaft" aus dem Jahr 2018 ergibt sich, dass im Jahr 2017 de facto nur 61 Prozent der brasilianischen Haushalte Zugang zum Internet hatten. In den entwickelten Ländern liegt dieser Wert in der Regel bei über 84 Prozent. Als häufigsten Grund für einen fehlenden Internetzugang wird die Preisgestaltung der Dienstleister*innen genannt. Weiterhin zeigt die Studie, dass 33 Prozent der brasilianischen Haushalte einen eigenen Breitband-Internetanschluss mit Geschwindigkeiten von 1 Mbit/s bis 10 Mbit/s haben. Nur 15 Prozent von ihnen abonnieren einen Dienst mit Übertragungsgeschwindigkeiten von 10 Mbit/s oder mehr. Die Haushalte, die nur über einen eingeschränkten oder gar keinen Internetzugang verfügen, befinden sich mehrheitlich im Norden und Nordosten des Landes. Anders als São Paulo, wo ich wohne. Es liegt im Südosten des Landes – in einer Region, die für ihren wirtschaftlichen Wohlstand bekannt ist.

Als ich anfing, diese Geschichte zu schreiben, betrug die Übertragungsgeschwindigkeit meiner Internetverbindung etwa 2,11 Mbit/s. Laut der soeben erwähnten Umfrage ist dies eine der niedrigsten Geschwindigkeiten im ganzen Land. Wie soll es möglich sein, angesichts derartiger Unterschiede in Qualität und Zuverlässigkeit unserer Internetdienste zur größeren Vielfalt im Journalismus beizutragen?

WHITE-WASHING IM SPORT-JOURNALISMUS

Im amerikanischen Sportjournalismus ist intersektionale Diskriminierung kein Fremdwort, sondern traurige Realität. Das kann sich nur ändern, wenn in den Sportredaktionen mehr Minderheiten an die Spitze vordringen. Hier der argumentative Startschuss von **AMBER D. DODD.**

Dass Amerika schwer mit den zwei großen Diskriminierungsformen Race und Gender zu kämpfen hat, braucht den nichtweißen Sportler*innen des Landes niemand zu erklären. Denn sie erfahren es am eigenen Leib. Ihre Hautfarbe ist die größte Hürde, die sie zu nehmen haben. Dem „Institute for Diversity and Ethics in Sports" (TIDES) zufolge sind 70 Prozent der Spieler*innen in der National Football League (NFL) Schwarze.[44] Auch in der National Basketball Association (NBA) stellen Afroamerikaner*innen nach Zählung von „Quartz"-Reporter Nikhil Sonnad mit über 70 Prozent die große Mehrheit.[45] Und immerhin circa 40 Prozent aller Major-League-Baseballspieler sind nach TIDES Nichtweiße.[46]

Fällt Ihnen an den Zahlen etwas auf? People of Color bilden in den USA zwar eine Minderheit, aber auf dem Spielfeld eine starke Mehrheit, die einen maßgeblichen Beitrag dazu leistet, dass Amerika aus internationalen Wettkämpfen mit vielen Medaillen hervorgeht.

Das Thema Hautfarbe spielt aber auch am Rande des Spielfeldes eine Rolle, nämlich bei der Berichterstattung. Nur dass es da umgekehrt ausgeht: Nichtweiße Sportreporter*innen sehen sich dort häufig der Diskriminierung durch ihre weißen Counterparts ausgesetzt. Und wenn es sich bei ihnen nicht um Männer, sondern um Frauen handelt, kommt noch eine weitere Ebene der Diskriminierung hinzu. In den 1970er-Jahren musste sich Melissa Ludtke, die als Reporterin für die Spiele der „New York Yankees" verantwortlich war, den Zugang zur Umkleidekabine per Gerichtsverfahren erstreiten. „Ich kann meinen Job nur machen, wenn ich da auch reingelassen werde, um die Spieler zu interviewen", sagte Ludtke 1977 in einem Interview mit der „New York Times".[47] 1979 entschied das Gericht zu ihren Gunsten.

Aber Ludtkes Fall ist nur für einen Aspekt der Diskriminierungserfahrung von Minderheiten repräsentativ. Eine weiße Journalistin von der amerikanischen Ostküste macht andere Diskriminierungserfahrungen als eine schwarze Journalistin aus den Südstaaten. Wohingegen schwarze Journalistinnen völlig unabhängig davon, woher sie stammen, alle ein und dieselbe Diskriminierungserfahrung machen. Es ist die Erfahrung, aufgrund ihrer Hautfarbe von der weißen Mehrheitsgesellschaft ausgeschlossen zu sein. Das ist auch im Sportjournalismus nicht anders.

Ich bin eine schwarze Journalistin, die in Mississippi lebt und arbeitet. Wenn ich von meinen Erfahrungen berichte, dann spreche ich nur für mich, von ganz persönlichen, individuellen, subjektiven Erfahrungen. Und doch weiß ich mit Sicherheit, dass die meisten meiner schwarzen Kolleginnen zustimmend nicken werden, weil sie diese Erfahrungen auch gemacht haben und sich in mir wiedererkennen.

Ich komme nicht aus Mississippi, sondern aus Maryland, im Osten der USA. Die Kulturen dieser beiden Staaten sind sehr unterschiedlich, aber eine Erfahrung bleibt gleich: Aufgrund meiner Hautfarbe und meines Geschlechts gehöre ich zu einer Minderheit im amerikanischen Sportjournalismus.

Im Herzen von Mississippi liegt meine Alma Mater, die „Mississippi State University" (MSU), an der ich im Mai 2019 meinen Bachelor in Kommunikation gemacht habe. Als Studentin an dieser vor allem von Weißen besuchten Universität stach ich mit meiner Schokoladenhaut und meiner dichten Haarmähne aus der Masse heraus. Vom ersten Studienjahr an war ich als Sportreporterin mit der Frauen-Basketballmannschaft der Universität unterwegs. Wo auch immer wir spielten – wenn ich mich in der Pressebox umblickte, fielen mir immer zwei Dinge auf, die mich von allen anderen unterschieden: Ich war die einzige Frau und die einzige Person mit schwarzer Haut. Wie sich das angefühlt hat?

Ein Beispiel, Januar 2016. Die Frauenmannschaft der „Mississippi State University" spielt gegen ihren Erzrivalen aus Mississippi, die „Ole Miss". Eine Auszeit wird genommen. Und ich beginne unwillkürlich, die Hymne der MSU vor mich hinzusummen.

Da brüllt mich auch schon der Journalist Brandon Hajax[48] an, ohne mich auch nur eines Blickes zu würdigen, obwohl er direkt neben mir sitzt. „Hey!, was soll das? Du sitzt hier nicht bei den Fans, sondern bei der Presse. Da hast du den Mund zu halten, klar? Merk dir das!"

Daraufhin gebe ich keinen Mucks mehr von mir. Und zwar nicht nur für die restlichen 14 Minuten der zweiten Spielzeit, sondern ganze drei Jahre lang. Ich fühle mich beschämt. Wenn ich mich unbemerkbar machen soll, warum dann überhaupt unter Menschen sitzen, um ein Spiel zu covern? Das Unbehagen, das ich in der Gesellschaft meiner Kollegen empfinde, wird so groß, dass die Qualität meiner Texte darunter zu leiden beginnt. Also sorge ich dafür, möglichst wenig in den lauten Redaktionsräumen zu sitzen und meine Artikel in Ruhe zu Hause zu schreiben, unter irgendeinem Vorwand. Weil es mir schwerfällt, mit den anderen aus dem Medienteam – allesamt Weiße – unverfänglich ins Gespräch zu kommen, entgehen mir wichtige Informationen über die Mannschaft, die im Vorbeigehen ganz nebenher untereinander ausgetauscht werden. Ich fühlte mich schlapp und faul und wie eine Verräterin an meiner Arbeit als Sportjournalistin; ich fühlte mich einsam.

Mit meinem Aussehen entspreche ich nicht der Vorstellung, die sich die meisten Menschen von einer zukünftigen Sportjournalistin machen. Ich kenne nur eine andere schwarze Studentin, Briana Walker, die für das MSU-Sportmagazin schreibt. In Gesprächen mit ihr stelle ich fest, dass sie dieselben Erfahrungen macht wie ich. Monate später, wir haben uns ein Softball-Match angesehen, über das wir berichten sollen. Nach Spielende gehen wir zu Trainer und Mannschaft, um noch ein paar O-Töne einzuholen.

Ein älterer weißer Security-Mann stellt sich uns in den Weg: „Ladies, Ladies", sagt er, „für Autogramme ist es jetzt zu spät. Aber die Spieler freuen sich, wenn ihr draußen auf sie wartet."

„Moment mal", sage ich, „wir sind Journalistinnen."

Er hält inne, mustert mit hochgezogenen Augenbrauen erst Brianas karamellfarbene Haut und ihr rundes Gesicht, dann meine schwarze Haut und dunklen Augen, die von einer schwarzen Brille eingerahmt sind.

„Ihr seht …", beginnt der Mann, aber da winkt uns schon der weiße Trainerassistent an der Spielerbank zu sich rüber.

Kurz: Ich fühlte mich im Medienteam der MSU wirklich nicht besonders wohl. Das änderte sich, als ich nach Maryland zurückkehrte, um dort 2017 meine erste Stelle anzutreten. Von Washington, D.C., aus arbeitete ich für Cheryl Cowards kalifornisches Magazin „Hoopfeed". Coward ist eine schwarze Frau. Ihre Identität – und die damit verbundene Anfälligkeit für Verletzungen – vermittelten mir das Gefühl, bei ihr als Journalistin in Sicherheit und in guten Händen zu sein. Coward stand mir auch dann zur Seite, wenn es gar nicht nötig gewesen wäre, und als ich ihr erzählte, was ich mit meinen Kommiliton*innen erlebt hatte, sprach sie mit mir auch über ihre eigenen Erfahrungen. Sie war eine Redakteurin, die mir das Gefühl gab, wichtig zu sein und so bleiben zu dürfen, wie ich bin. Sie gab mir das Selbstvertrauen, weiterzumachen mit dem, was ich am liebsten tue: Sportjournalismus.

Dann begann ich für die „Women's National Basketball Association" (WNBA) zu schreiben, ich war zuständig für die Berichterstattung über die Spiele der „Washington Mystics". In der Sportredaktion fühlte ich mich sofort willkommen. Hier saßen andere schwarze Journalistinnen, Jasmine Brown, Princess Streeter, Ava Wilson und Misha Davis, deren reine Anwesenheit mir ein Gefühl der Zuversicht und Ruhe vermittelte – vielleicht weil ich davon ausgehen konnte, dass sie ähnliche Kämpfe hinter sich gebracht hatten wie ich. Hier fiel ich endlich nicht mehr aus dem Rahmen, denn plötzlich war ich von Menschen umgeben, die mir zeigten, dass sie den Weg, den ich mir vorgenommen hatte, schon vorausgegangen waren, und zwar mit Erfolg.

In dem Team saßen viele, die Minderheitengruppen angehören. Lindsay Gibbs, die Ko--Moderatorin des Podcasts „Burn it Down", der sich mit Rassismus und anderen alltäglichen Formen der Diskriminierung im Sport befasst. Schwarze Redakteure wie Rob Knox – inzwischen Präsident der Organisation „College Sports Information Directors of America" – und Wilson Tarpeh Jr. – der Gründer der Radiosendung „My Mind on Sports" –, die meinen Texten mit großer Hilfsbereitschaft den letzten Schliff gaben und ihr enormes Wissen über die Geschichte der WNBA und der „Washington Mystics" großzügig an mich weitergaben. Am 19. Juni 2017 nahm die WNBA am „LGBT Pride"-Marsch teil – und weil dieser Tag auf den „Juneteenth Independence Day" fiel, einem Feiertag in

Gedenken an die Befreiung der Sklaven in Texas am 19. Juni 1865, begingen wir den Tag, wie das in der afroamerikanischen Community üblich ist. Wie leicht plötzlich alles war. Schon nach ein paar Wochen fühlte ich mich wie zu Hause, während ich an der MSU vier Jahre darum gekämpft hatte, Boden unter die Füße zu bekommen. Hier, in diesem aus Minderheiten zusammengesetzten Team, war uns allen gemeinsam, dass wir wussten, was Diskriminierung ist und wie sie sich anfühlt.

Denn ich musste feststellen, dass meine Kolleg*innen auch in Maryland die Erfahrung gemacht hatten, von weißen Journalist*innen ignoriert oder misstrauisch beäugt zu werden. Aber die „National Association of Black Journalists" (NABJ) stellt uns ein Sicherheitsnetz zur Verfügung, weil diese Diskriminierungserfahrung von allen geteilt wird. Wir halten zusammen und kommen deswegen auch beruflich weiter.

Manche von uns finden es wichtig, sich im Sportjournalismus auch politisch zu engagieren. So wie sich auch viele Sportler*innen aus Minderheitsgruppen als „Sportaktivist*innen" verstehen, nach dem Vorbild des Boxers Muhammad Ali und der Tennisspielerin Wilma Rudolph, die ihre sportlichen Erfolge für politischen Aktivismus nutzten. Viele Sportler*innen, über die wir berichten, sprechen in den Interviews nach einem Spiel politische Themen an; deswegen fühlen wir Journalist*innen uns aufgerufen, sie in ihren Bemühungen zu unterstützen und ihren Erfahrungen eine Stimme zu verleihen.

Ein Beispiel dafür, dass Sportler*innen im politischen Kampf etwas erreichen können, ist der Hymnenprotest gegen Rassismus und Polizeigewalt des American-Football-Spielers Colin Kaepernick, ein Top-Spieler, der alle Höhen und Tiefen erlebt hat, vom Endspiel der „Super Bowls" bis hin zum faktischen Berufsverbot, weil der Vereinsbesitzer, die Trainer und andere Spieler ihn aus der der „National Football League" verbannt haben. Seine schwarze Identität – und die Erfahrung des Ausgeschlossenwerdens – hat er genutzt, um öffentliche Aufmerksamkeit auf dieses Thema zu lenken: Sein Hinknien beim Abspielen der Nationalhymne, statt mit der Hand auf dem Herzen der Fahne zu salutieren, haben viele Amerikaner*innen als einen Verrat an ihrem und seinem Land empfunden. Dabei ist er auf die Knie gegangen, um sich als Vorkämpfer für die Menschenrechte derjenigen Minderheit einzusetzen, der er angehört.

„Ich werde mich nicht hinstellen und Stolz auf eine Flagge bekunden, die für ein Land steht, das Schwarze und andersfarbige Menschen unterdrückt. Für mich ist dieses Thema größer als American Football und es wäre selbstsüchtig, wenn ich einfach wegschauen würde", kommentierte Kaepernick 2016 seine Protestaktion.

Im Herbst 2017 legte Kaepernick Beschwerde ein und behauptete, es gebe eine Absprache zwischen den Teameignern, ihn nicht mehr zu beschäftigen. Diesen Prozess hat er nun gewonnen. Ein noch größerer Erfolg ist, dass nun auch andere ihre Stimme erheben, um deutlich zu machen, welchen Preis selbst die erfolgreichsten Sportler*innen dafür zu zahlen haben, dass sie gegen systematische Gewalt und Unterdrückung protestieren. Vieles spricht dafür, dass Kaepernick mit seiner Protestaktion nur deswegen so viel Aufmerksamkeit erzeugen konnte, weil sich langsam aber sicher auch in den Sportredaktionen Diversität durchzusetzen beginnt. Sie werden damit immer mehr zu einem Spiegel der amerikanischen Realität der Gegenwart und nehmen Einfluss darauf hat, wer diese Geschichten erzählt und wie sie erzählt werden.

Bis vor Kurzem galt es als normal, dass die Sportredaktionen ausschließlich mit weißen Männern besetzt waren. Diese Norm beginnt zu bröckeln. Frauen werden in das Narrativ einbezogen. Schwarze sind zunehmend willkommen, auch wenn der Prozess schleppend verläuft.

Vier Jahrzehnte ist es jetzt her, dass Melissa Ludtke im Fernsehsender „ESPN" nach ihrem bahnbrechenden Prozesssieg vor die Kamera trat und sagte: „Ihr konntet uns damals nicht aufhalten. Und ihr werdet uns auch heute nicht aufhalten."[49] Diese Kampfansage gilt heute noch. Sie ist ein angemessenes Statement für die Vielfalt in der amerikanischen Bevölkerung, in den amerikanischen Redaktionen und für die Menschen, die die Geschichten aufschreiben, die erzählt werden müssen.

WARUM UNS DIE „OBJEKTIVITÄT" KAPUTT MACHT

Die Objektivität, die eigentlich dazu dienen sollte, professionellen Journalismus zu befördern, ist eine gefährliche Illusion, meint CHINULA MANDLA aus Simbabwe.

Wahrheit und Wissen sind ebenso wie der Weg zu ihrer Entdeckung von subjektiver Natur. Die Art und Weise, wie wir die Welt wahrnehmen, verstehen und interpretieren, wird „von einer Reihe von Überzeugungen und Gefühlen über die Welt geleitet und darüber, wie sie zu begreifen und zu untersuchen ist".[50] Das bedeutet, dass jeder Zeitungsartikel von einer Reihe von Annahmen geprägt wird. Sie drücken sich darin aus, wie jemand Wissen aufdeckt (Erkenntnistheorie), in den Vorstellungen von der Ordnung der Welt (Ontologie), in den Werkzeugen und Techniken der Recherche und in den Überzeugungen über das, was wesentlich ist (Moral).[51] Deshalb fragen sich Journalist*innen oft oder werden oft gefragt, warum sie hinter einer bestimmten Geschichte her sind.

Am 14. Januar 2019 kam es in Simbabwe zu Protesten gegen den steilen Anstieg der Benzinpreise und die schlechte allgemeine wirtschaftliche Lage. Sie bildeten den Beginn eines dreitägigen Generalstreiks im ganzen Land, der in Gewalt umschlug, als die Bereitschaftspolizei und die Armee mit unverhältnismäßiger Gewalt gegen die Demonstrant*innen vorgingen. Bevor ich aus dem Haus ging, um über einen Marsch zu berichten, der im Central Business District von Bulawayo stattfinden sollte, erschienen im meinem Newsfeed Meldungen von verbarrikadierten Straßen, brennenden Reifen und Demonstrant*innen, die Fotograf*innen angriffen. Ich fragte mich: *Warum berichte ich über diesen Protest? Muss ich da wirklich raus, schließlich könnte ich verletzt werden? Berichten nicht schon viele andere Journalist*innen darüber?*

Diese Fragen offenbaren meine Überzeugungen und Vorannahmen, bevor ich losging.

Der Begriff der Objektivität meint im Journalismus, dass man sich nicht positioniert und keine eigene Meinung äußert. Dieses Konzept ist jedoch grundsätzlich falsch und muss überdacht werden. Meinungen lassen sich nicht auf jeder Ebene der Berichterstattung vermeiden – von der Auswahl der Themen über die Entscheidungen zur Rahmung einer Geschichte bis hin zur Auswahl der Befragten. Wichtiger ist vielmehr, ob Meinungen versteckt werden oder nicht. Geschichten sind nicht objektiv, wenn zwischen den Zeilen eine Agenda lauert. In den meisten Fällen wählen Journalist*innen ihre Quellen aus, um ihren eigenen Standpunkt darzulegen oder um sich mit einer neutralen Stimme einen objektiven Anschein zu geben. Auch wenn subjektive Meinungen in Einzelfällen eingeräumt werden, sind sie definitiv nicht erwünscht, schon gar nicht in der seriösen Berichterstattung. In Zeiten von Fake News und dem allgemeinem Misstrauen gegenüber den Medien wäre dieses Konzept von Objektivität ein Grund dafür, warum die Journalismusbranche mit finanziellen Schwierigkeiten kämpft.

Die Vorstellung von einer Objektivität hat einige Journalist*innen und Publikationen in ein Extrem getrieben, wo es keine Meinungen gibt, und die Gründe für eine Berichterstattung lauten: Ich mache nur meine Arbeit, es ist eben eine Nachricht wert, alle anderen berichten auch darüber. Dass hat dazu geführt, dass manche Publikationen einfach die Äußerungen der Mächtigen wiederholen und so zu einem Werkzeug werden, um deren Botschaften zu verbreiten. Nur selten wird die Frage nach dem Zweck der Berichterstattung gestellt, weshalb im Journalismus heute nicht kritisch über seine Themen und seine Rolle nachgedacht wird.

Damit ist ein weiteres Problem benannt: Journalist*innen wissen meiner Meinung nach nicht, worüber sie berichten sollen. Wer keine klare Position bezieht, folgt automatisch „dem stillen Konsens darüber, wie Nachrichten auszusehen haben, der von anderen bestimmt wird, die die

Nachrichtenagenda bestimmen".[52] Wer so vorgeht, bietet keine journalistische Arbeit mit Mehrwert, und nicht viele Menschen sind bereit, für ein generisches und damit „wertloses" Produkt zu bezahlen.

Die meisten Medien in Simbabwe behaupten, objektiv zu sein. Bei genauerem Hinsehen zeigt sich jedoch eine Medienpolarität: Die staatseigenen Publikationen stützten in der Regel die Regierungspartei, während sich private Publikationen an den Ideologien der Oppositionsparteien orientieren. Die Wahlbeobachtungsmission der „Afrikanischen Union" stellte bei den Wahlen 2018 in Simbabwe fest, dass die „Medienlandschaft nach wie vor weitgehend polarisiert ist"[53]. So berichteten die staatlichen Medien zugunsten des amtierenden Präsidenten (Mnangagwa) und versäumten es, über alle anderen politischen Parteien und Kandidat*innen fair zu berichten. Ebenso waren die privaten Medien auf der Seite der Oppositionsparteien und berichteten meist negativ über die Regierungspartei „ZANU-PF".

Trotz solcher Momente der offensichtlichen Voreingenommenheit beharren die Medien weiterhin auf ihrer Objektivität. Das Publikum ist klug genug, das zu durchschauen. Das ist sicherlich einer der Gründe, warum das Vertrauen in die Medien geschwunden ist und sie zunehmend Abos, Zuschauer*innen und Werbung verlieren. Wenn wir dem Publikum ehrlich sagen, wie wir die Welt sehen, können wir als Publikation transparent bleiben und haben bessere Chancen, als vertrauenswürdige und zuverlässige Nachrichtenquelle ausgewählt zu werden. Vertrauen ist wichtig, denn egal wie informativ eine Geschichte ist – falls die Menschen der Publikation nicht vertrauen, werden sie ihr keine Aufmerksamkeit schenken.

Ein weiteres Beispiel für das Beharren auf Objektivität ist, wenn Journalist*innen von ernsten oder schockierenden Ereignissen unbeeindruckt scheinen und keine Miene verziehen. Dabei sollten sie von den Ereignissen schockiert sein. Im objektiven Journalismus kann das Publikum bei einem schriftlichen Bericht weder den Tonfall noch die Ernsthaftigkeit hören; das ist riskant. So wurde beispielsweise in Berichten über simbabwische Sicherheitskräfte, die während und nach den Januarprotesten zahlreiche Morde, Vergewaltigungen, Folterungen und andere schwere Misshandlungen verübt hatten, lediglich dargestellt, was geschehen war. Aber guter Journalismus hätte dort nicht haltmachen dürfen. Stattdessen hätten die Medien sich empören und ausdrücklich darlegen müssen, dass es sich um eine Reihe schwerer Gräueltaten gegen zivile Bürger*innen handelte. Indem nur Zitate wiederholt und nicht beide Seiten der Geschichte einbezogen wurden, war das Publikum nicht umfassend informiert. Unser Publikum will gewarnt werden, wenn etwas schief läuft; wenn nötig, will es alarmiert werden. Zeitungsabonnent*innen legen großen Wert darauf, dass ihre Quellen informativ sind. Das bedeutet: Je weniger informativ eine Geschichte ist, umso weniger sind Abonnent*innen bereit, dafür zu zahlen.

Es gibt also einen Markt für guten Journalismus, und es gibt Menschen, die bereit sind, für ihn zu bezahlen. Ein Weg zur Beförderung eines tiefgründigeren Journalismus bestünde darin, den Journalist*innen zu erlauben, ihre Weltanschauungen klar zu benennen und zu hinterfragen. Und sich damit von einem Journalismus zu distanzieren, der nach dem Er-sagte-sie-sagte-Prinzip funktioniert, was letztlich der Herausgabe von Pressemitteilungen für die Eliten gleicht.

Offen damit umzugehen, wo man sich positioniert, bedeutet ja nicht, dass die hohen Standards an die Berichterstattung, Recherche, Faktenverifizierung und Datenaufbereitung vernachlässigt werden sollen. Sobald Journalist*innen ihre Überzeugungen klar zum Ausdruck bringen, ermutigt sie dies meiner Meinung nach, auch dafür Sorge zu tragen, dass ihre Meinung folgerichtig ist und sie bei den Recherchen die erforderliche Sorgfalt haben walten lassen. Dadurch wird es leichter, Journalist*innen zu überprüfen, und den Journalist*innen ermöglicht es, abweichende und sogar wechselnde Standpunkte zu vertreten. Weil die Publikationen die Journalist*innen aber noch immer davon abhalten, ihre eigenen Meinungen darzulegen, haben sie die Chance verpasst, Märkte zu erschließen, die diesen Journalismus schätzen.

Die Journalist*innen haben zudem einen heftigen Schlag in Form von Redaktionsrichtlinien einstecken müssen, in denen traditionelle Objektivität als Leitlinie vorgeschrieben wird. Ich erinnere mich, dass mir eine freiberufliche Kollegin mal gesagt hat, dass ich meinen Ruf als seriöser Journalist ruinieren würde, wenn ich meine Meinungen äußern oder an Publikationen mitwirken würde, die mir dies erlauben würden. Das bedeutete also, dass man als seriöse*r Journalist*in keine Meinung hat. Deshalb beschränkte ich mich darauf, nur für bestimmte Nachrichtenorganisationen zu arbeiten. Und verzichtete damit auf die Möglichkeit, für Publikationen mit besseren Honoraren zu schreiben. Es gibt viele Journalist*innen, die viel Geld für ihre Glaubwürdigkeit als seriöse Journalist*innen geopfert haben.

Ein Vorteil der Selbstpositionierung ist, dass es mehr kreativen Spielraum gibt, weil Journalist*innen Menschen und damit selbst Teil ihrer Berichterstattung sind. Informationen, die kreativ vermittelt werden, können die Aufmerksamkeit des Publikums auf sich ziehen und binden. Viele Journalist*innen verlassen die Branche unter anderem deshalb, weil professioneller Journalismus nicht so spielerisch arbeitet wie an der Uni. Mit anderen Worten, das Leitbild der Objektivität hat die Kreativität des Berufs erstickt. Die Möglichkeit, den eigenen Standpunkt zu benennen, würde es Journalist*innen erlauben, ihre Persönlichkeit und ihre Erfahrungen einzubringen. Damit könnten sie mehr Raum für Kreativität schaffen und ein größeres Publikum ansprechen.

Die meisten Menschen können heute wählen, welche Inhalte sie wann und wie konsumieren wollen. Das heißt, sie suchen vor allem nach Inhalten zu Dingen, an denen sie persönliches Interesse haben. Anstatt vorzugeben, keinen subjektiven Standpunkt zu vertreten, sollten Publikationen ihre Positionen und Interessenkonflikte offen darlegen. Dadurch würden sie schnell die Interessengruppen finden, die ihre spezifischen Inhalte schätzen.

Journalistische Outlets sollten gefördert und wie Unternehmen betrieben werden, damit sie nachhaltig arbeiten können. Die meisten Outlets sind Handelsunternehmen, die auf Gewinn zielen und als solche wert sein sollten, finanziert zu werden. Ein Weg wäre, dass Publikationen ihre Positionen benennen und sie als Marke inszenieren. Die Idee von der Objektivität hat neben dem Publikum auch den Journalismus selbst getäuscht und damit seine Geschäftsmodelle lahmgelegt. Medienkritiker*innen fordern seit Langem, dass Transparenz als neue Objektivität gelten sollte, weil das bestehende Konzept von Objektivität unzulänglich sei. Wenn wir offenlegen, mit welchen Vorannahmen und Kategorien wir Ereignisse interpretieren, woher wir mit welchen Interessen kommen, wie unsere Berichte und Geschichten entstehen und mit welcher Absicht, dann haben wir bessere Chancen, eine vertrauensvolle Beziehung zu unserem Publikum aufzubauen. Das Publikum ist sich seiner Macht über die Medien heute mehr denn je bewusst. Daher müssen die Medienunternehmen ihrem Publikum gegenüber endlich transparenter, ehrlicher und loyaler auftreten.

KANN ICH MIR JEMALS LEISTEN, „NEIN“ ZU SAGEN?

Welche Risiken gehen wir ein, wenn wir freiberuflich arbeiten? Und wer kann sich das überhaupt leisten? Dass prekäre Arbeitsbedingungen zu einer unschönen Homogenität dieser Berufsgruppe führt, vermutet die Journalistin und frischgebackene Mutter **IRENE CASELLI.**

Zwei Wochen nach der Geburt meines Sohnes fuhr ich nach einem Kinderarzttermin, einem anstrengenden Spaziergang in der Mittagshitze, gefolgt von einem Essen mit Freund*innen, die zu Besuch waren, sowie einem turbulenten Windelwechsel durstig und müde nach Hause. Es war drei Uhr nachmittags und ich wollte mich unbedingt hinlegen.

Mein Telefon klingelte und da ich dachte, es sei mein Freund, ging ich ran. Stattdessen war es eine Redakteurin, die mich für ein Live-Interview am nächsten Morgen um 7:30 Uhr engagieren wollte. Ich hatte in der Nacht zuvor kaum geschlafen, weil ich meinen Sohn Lorenzo bis jetzt voll stillte und er die ganze Nacht an meiner Brust hing. Ein kurzfristig anberaumter Fernsehauftritt, bei dem ich den Zuschauer*innen das Neueste über die italienische Wirtschaft erzählen sollte, kam mir in meinem Zustand wie ein Ding der Unmöglichkeit vor.

Es wäre naheliegend gewesen, der Redakteurin abzusagen. Aber ich bin freiberufliche Journalistin, und ich bin mit einem Journalisten verheiratet, der ebenfalls Freelancer ist. Wir haben weder eine Immobilie noch ein stabiles Einkommen. Nach 15 Jahren freiberuflicher Tätigkeit kann ich einfach nicht „Nein" sagen; wer weiß, wann das nächste Angebot kommt? Hätte die Redakteurin mir eine E-Mail geschrieben, wäre in ihrem Postfach folgende Abwesenheitsnotiz gelandet: „Vor Kurzem habe ich meinen Sohn Lorenzo auf die Welt gebracht, daher schaue ich seltener in meine E-Mails. Aber keine Sorge, ich bin nicht in Mutterschaftsurlaub. Davon können wir Freelancer*innen nur träumen."

In meiner jetzigen Situation musste ich trotzdem komplett umdenken. Als Neuling in der Kinderbetreuung hatte ich keine Ahnung von dem Metier. Konnte man bei einem Baby eine Hungerattacke vorhersagen oder gar verhindern, damit das Geschrei nicht ausgerechnet auf Sendung losging? Da ich nicht wusste, was ich der Redakteurin antworten sollte, war ich ehrlich: Ich erklärte ihr, dass ich vor zwei Wochen ein Kind bekommen hatte und ich vor einer Zusage ein wenig planen müsse. Sie schien von dieser Nachricht unbeeindruckt, als hätte ich ihr gesagt, dass ich zuerst meine Internetverbindung überprüfen müsse.

Als ich zu einer Entscheidung gekommen war – ich wollte es ausprobieren, weil sie mich sonst vielleicht nicht mehr anrufen würden und weil Mutterschaft nicht mit Arbeitsunfähigkeit einhergeht – schrieb die Redakteurin: „Ich muss leider absagen." Sie hätten einen Studiogast gefunden und würden mich doch nicht brauchen.

Die Geschichte mit der Redakteurin machte mich wütend, aber auch nachdenklich. Ich habe mich jahrelang als Freelancerin durchgekämpft, aber meine Arbeit immer geliebt, und wenn ich weniger verdiente, schraubte ich eben meine Ausgaben herunter. Aber konnte ich es mir mit einem Kind noch erlauben, freiberuflich zu arbeiten? Kann sich das irgendjemand leisten, bei einem Jahreseinkommen von knapp 25.000 US-Dollar – oft ohne Anspruch auf ein regelmäßiges Gehalt, auf Mutterschaftsurlaub oder Urlaubsgeld? Was bedeutet das für die Nachrichten, die wir produzieren, wenn nur wenige in der Lage sind, sich einen Job in dieser exklusiven Branche leisten zu können? Führen diese Bedingungen nicht zwangsläufig zu einer Verzerrung der Inhalte?

Eine Umfrage der Interessengruppe „Project Word" aus dem Jahr 2015 unter freiberuflichen Enthüllungsjournalist*innen ergab, dass die große Mehrheit die eigene Arbeit finanziell bezuschusst, weil Freelancer*innen mit Leidenschaft bei der Sache sind und Publikationen nicht ausreichend bezahlt werden. Selbst die am besten bezahlten Printartikel (1 US-Dollar pro Wort) sind ein Verlustgeschäft, Förderprogramme und Stipendien sind zu knapp bemessen, um investigative Recherchen durchzuführen. Infolgedessen gaben mehr als die Hälfte der Befragten an, dass sie mit dem Einkommen aus ihren Storys finanziell nicht über die Runden kommen, und 92 Prozent sagten, dass sie sich Tag für Tag oder am Monatsende finanzielle Sorgen machten.

Eine Umfrage des „National Council for the Training of Journalists" unter britischen Journalist*innen aus dem Jahr 2016 zeigt einen ähnlichen Trend: Ein Drittel der freiberuflichen Journalist*innen ist auf staatliche Unterstützung angewiesen, Existenzangst zählt mit zu den größten Sorgen.[54]

Seit Beginn meiner Berufstätigkeit vor 15 Jahren arbeite ich freiberuflich, warum überrascht mich das also? Vermutlich kommen bei mir diese Fragen jetzt wieder hoch, weil ich Mutter geworden bin und damit Verantwortung übernommen habe. Als ich merkte, dass ich schwanger war, geriet ich in Panik – weil ich nun für ein anderes Wesen sorgen musste und vielleicht nicht genug Zeit hatte, Storys an den Mann oder die Frau zu bringen, während ich mich um den Kleinen kümmerte. Also suchte ich mir einen Teilzeitjob als Redakteurin und fing an, über Skype Englisch zu unterrichten.

Das war alles neu für mich, mein ganzes Leben lang hatte ich das Gefühl, dass ich mich notfalls auf meine Eltern verlassen konnte, und jetzt bin ich selbst Mutter. Ich bin in Neapel in Süditalien geboren, und meine Eltern bezahlten wegen des schlechten Englischunterrichts in den staatlichen Schulen privaten Englischunterricht für mich. Dies war mit ein Grund, weswegen ich an der „University of St. Andrews" in Schottland studieren konnte, wo EU-Student*innen keine Studiengebühren zahlen mussten. Meine Eltern konnten es sich leisten, mich zu unterstützen, wenn ich Flüge, Unterkunft oder Essen brauchte, deswegen musste ich nie einen Kredit aufnehmen.

Als ich mein Studium mit dem Schwerpunkt „Internationale Beziehungen" abschloss, hatte ich keine Ahnung, was ich mit meinem Leben anfangen sollte. Mein Bruder, der in meine Fußstapfen getreten war, absolvierte gerade sein Auslandsjahr in Chile, also besuchte ich ihn, um mich dort beruflich zu orientieren. Wieder einmal bezahlten meine Eltern den Flug, und mein Bruder nahm mich für ein paar Monate auf, bis ich anfing, Italienisch zu unterrichten und gleichzeitig bei einer englischsprachigen Zeitung, der „Santiago Times", ein unbezahltes Praktikum machte. Das brachte mich dazu, mich für einen Studiengang in Multimedia-Journalismus zu bewerben.

Nach meinem Abschluss flog ich nach London, um ein viertägiges, unbezahltes Praktikum beim Radiosender „BBC World Service" zu absolvieren. Ich schlief bei verschiedenen Freund*innen auf dem Sofa und belästigte alle, denen ich begegnete, um zu verstehen, wie man da reinkommt. Ich hatte Glück: Eine Einstellungsrunde stand an, und jemand war ausgestiegen. Ich wurde zum Vorstellungsgespräch eingeladen, bestand einen Test, und ein paar Wochen später begann ich, als freiberufliche Radiojournalistin zu arbeiten.

Nach drei Jahren entschied ich, dass es für mich an der Zeit war, mich wieder direkt ins Geschehen zu stürzen. Ich verließ London und verzichtete auf eine mögliche Festanstellung bei der „BBC", um meinen Traum zu verwirklichen: als Auslandskorrespondentin zu arbeiten. Ich zog nach Ecuador, wo ich gerade einmal 600 Dollar im Monat verdiente, dann nach Venezuela und schließlich nach Argentinien. Dort heiratete ich einen argentinischen Journalisten, der bei einer internationalen Presseagentur fest angestellt war. Aber im Jahr 2016 hatten wir das Gefühl, dass wir an Dingen arbeiteten, die uns eigentlich keinen Spaß machten, nur um bis zum Monatsende über die Runden zu kommen.

Wir beschlossen, alles hinter uns zu lassen und an Projekten zu arbeiten, für die wir brennen, auch wenn sie kaum Geld einbringen würden. Ich ergatterte ein paar Stipendien, darunter auch eines für ein multimediales Projekt zum Thema Frauenfußball und Geschlechtergleichstellung. Dabei merkte ich, dass solche Projekte viel Zeit in Anspruch nehmen, ohne dass man ein regelmäßiges monatliches Einkommen hat. Im Alter von 35 lebten mein Mann und ich bei Freund*innen und der Familie auf Sofas und Ausziehbetten.

Schließlich meldeten wir uns bei der Housesitting-Internetseite „Nomador" an, und nachdem wir in ein paar Häusern auf dem Land in Frankreich gelebt hatten, angelten wir uns für zehn Monate ein Haus in Mittelitalien. Mit dieser relativen Stabilität im Hinterkopf wurde ich schwanger, dann versetzte mich die Verantwortung in Panik, und ich suchte nach einigermaßen verlässlichen Einkommensquellen. Und da sind wir jetzt: mit Lorenzo inmitten von Olivenbäumen.

Verstehen Sie mich nicht falsch: Mir gefällt, was wir tun, wir können montags freinehmen, tagsüber einen Film anschauen, und ich arbeite gern an meinen Projekten. Aber ich stelle mir die Frage: Was muss man aufgeben, um Freelancer*in zu sein? Für einige ist es die finanzielle Sicherheit. Für manche Frauen bedeutet es, dass sie auf einen Partner oder auf Kinder verzichten. Also, wer kann es sich wirklich leisten, als Freelancer*in zu arbeiten? Für mich funktionierte es, weil ich wusste, dass ich meine Eltern im Rücken hatte; im Notfall hätte ich immer ein Bett zum Schlafen und ein Dach über meinem Kopf gehabt. Aber was bedeutet es für unsere Zielgruppe, dass wir Freelancer*innen alle etwas privilegiert sind (durch unsere Familie, unseren Pass oder unseren Background) oder bereit, uns auf diese Herausforderung einzulassen?

Von welchen Recherchen habe ich die Finger gelassen, weil ich dachte, dass sie sich nicht auszahlen würden? Die Vergütung bei Freelancer*innen ist echt schräg. Breaking News sind die einzige Möglichkeit, schnell Geld zu verdienen: In der einen Woche, in der über das Asyl von Julian Assange in der ecuadorianischen Botschaft berichtet wurde, habe ich genauso viel verdient wie im restlichen Jahr. Nach der Berichterstattung über den Tod von Hugo Chávez in Venezuela konnte ich zum ersten und letzten Mal Geld auf die hohe Kante legen. Das nenne ich meinen Chávez-Fonds, in Anklang an die Launenhaftigkeit dieses Jobs.

Gleichzeitig sind Stücke mit nur einer Quelle, die genauso viel einbringen wie ein umfassend recherchiertes Feature, auch sehr verlockend, wenn einem als Freiberufler*in gerade das Wasser bis zum Hals steht. Die „Project Word"-Umfrage hat gezeigt, dass 81 Prozent der Befragten ihre „Reportagen, die eigentlich realisierbar und von großem öffentlichem Interesse waren" aufgrund von finanziellen Engpässen abgebrochen haben. Ich habe die Erfahrung gemacht, dass man extra motiviert und hartnäckig sein muss, um weiterzumachen und über die Themen zu berichten, die einem wichtig sind – aber letzten Endes muss man auch realistisch sein.

Ich könnte noch viel mehr schreiben, aber meine Zeit ist um; nun ist Lorenzo wieder dran. Er ist jetzt drei Wochen alt. Habe ich schon erwähnt, dass ich nicht weiß, wie man „Nein" sagt? Deswegen habe ich diesen Text geschrieben, während ich Lorenzo gestillt habe; es hat ewig gedauert, bis mir das Experiment geglückt ist, gleichzeitig den Laptop und das Baby auf dem Schoß zu haben. Ich bin mir nicht sicher, ob sich Redakteur*innen auf längere Produktionszeiten einlassen, aber ich gehe offen damit um und hoffe auf Verständnis. Ich vermute aber, dass mich das Mutterdasein zwingen wird, manchmal „Nein" zu sagen; wenn ich Freiberuflerin bleiben will, muss ich das lernen.

BEKENNTNISSE EINES FALLSCHIRM-JOURNALISTEN

Gehört Fallschirmjournalismus abgeschafft oder nur verbessert? Darüber macht sich **DANIEL BATES**, selbst gelegentlich Auslandskorrespondent, Gedanken.

Was ich hier vorhabe, bringt mich in Teufels Küche, so viel steht fest. Oder ich werde gesteinigt dafür. Schließlich mache ich mich gerade daran, eine Verteidigung des Fallschirmjournalismus zu schreiben.

Aber es ist nun einmal so, dass ich ein bisschen was von der Sache verstehe. Und sie für deutlich komplizierter halte, als es auf den ersten Blick den Anschein haben mag. Wenn Sie mich nach Lektüre des Artikels immer noch lynchen möchten – nur zu. Aber vielleicht lesen Sie erst einmal, was ich zu sagen habe.

Für die Uneingeweihten unter Ihnen: Unter Fallschirmjournalismus ist die Berichterstattung von in der Regel weißen, westlichen, männlichen Journalisten (wie mir!) aus Krisengebieten im Ausland zu verstehen, die kurz eingeflogen werden, wenn es irgendwo auf der Welt zu Naturkatastrophen oder Gewaltausbrüchen kommt. Kritiker*innen halten ihn für eine Form des Kolonialismus, nur dass die koloniale Expansion in diesem Fall nicht auf Ressourcen oder Menschen gerichtet ist, sondern auf die Gewinnung von Informationen.

Sie können mir also schon mal die Daumen drücken.

Ich bin freiberuflicher Journalist und Auslandskorrespondent mit Sitz in New York, der für ganz unterschiedliche Medien arbeitet, für die Boulevardpresse, für große Tageszeitungen und für Zeitschriften und Magazine. Entsprechend breit gestreut ist auch mein Themenspektrum: Porträts von Promis, Stars und Starlets; preisgekrönte, extrem rechercheaufwendige Reportagen über Gentrifizierung, Interviews mit berühmten kubanischen Künstler*innen. Das erzähle ich Ihnen nicht, um anzugeben. Sondern weil ich Ihnen zeigen will, dass ich nicht voreingenommen gegenüber Boulevardblättern bin und mir ein Bild davon machen kann, welche Vor- und Nachteile ihre Arbeitsweise im Vergleich zu den „seriöseren" Medien hat.

Womit wir auch schon in Haiti wären.

Letztes Jahr wurde in Großbritannien ein Skandal öffentlich, in den auch „Oxfam"-Mitarbeiter verwickelt waren, die nach dem Erdbeben 2010 zum Wiederaufbau in Haiti eingesetzt wurden und dort Sex-Partys mit Prostituierten gefeiert haben sollen. Eine abstoßende Geschichte. Zu einer Zeit, als das Land vom Erdbeben verwüstet war, hatten Mitarbeiter einer Hilfsorganisation offenbar nichts Besseres zu tun, als Frauen in der denkbar schlimmsten Form auszubeuten.

Der erste Bericht darüber erschien in der seriösen „Times of London". Wenige Tage später erhielt ich einen Anruf von der britischen Boulevardzeitung „Daily Mail", die mich nach Haiti schicken wollte, um herauszufinden, was an der Geschichte dran war. Am Montag darauf setzten wir uns ins Flugzeug nach Haiti, wo wir knapp eine Woche mit der Recherche beschäftigt waren. Dann ging es wieder zurück nach Hause. Unsere Arbeitsweise war solide und erbrachte solide Ergebnisse. Wir fanden die von den „Oxfam"-Mitarbeitern eigens für die Sex-Partys angemietete Villa und den Wohnsitz des damaligen „Oxfam"-Leiters vor Ort, den er für private Sex-Partys genutzt hatte.[55] Es gelang uns außerdem, eine Frau ausfindig zu machen, die zum fraglichen Zeitpunkt noch nicht volljährig gewesen war und monatelang Sex mit dem „Oxfam"-Leiter gehabt hatte.[56]

Unsere Artikel darüber verliehen dem Thema Ausbeutung von Frauen nicht nur ein Gesicht, sondern führten dazu, dass „Oxfam" anhaltend unter Druck geriet und die Sache nicht mehr unter den Teppich kehren oder aussitzen konnte, was ohne die allgemeine Empörung wohl die Taktik gewesen wäre. Außerdem kamen durch unsere Reportagen andere Journalist*innen auf die Idee, es könne sich lohnen, zu überprüfen, was

„Oxfam" in anderen Ländern so treibt. Es kam jedenfalls zu einer internen Untersuchung bei „Oxfam", mit erschütternden Resultaten: Jahrzehntelang hatte die oberste Führungsebene dieser Hilfsorganisation vollkommen inakzeptables Verhalten gebilligt oder zumindest nichts dagegen unternommen. Der Tag der Abrechnung dafür war jetzt gekommen.

Dass unsere Arbeit also im öffentlichen Interesse war, dürfte niemand anzweifeln. Außer Frage steht aber auch, dass sie den Tatbestand des Fallschirmjournalismus erfüllt: Wir waren keine sieben Tage vor Ort, verließen abends so gut wie nie das Hotel – weil Sicherheitsbedenken dagegen sprachen – und der Zweck unserer Reise bestand ausschließlich darin, über eine Katastrophe zu berichten.

Doch damit noch nicht genug: Bei unserer Arbeit half uns ein Fixer vor Ort (ich sehe förmlich vor mir, wie empört Sie jetzt dreinblicken), der bei Veröffentlichung des Artikels mit keinem Wort erwähnt wurde und auch in der Autorenzeile ungenannt blieb. Ob ich das gut finde? Natürlich nicht, denn es steht fest, dass wir ohne Sebastian Petion nicht weit gekommen wären. Er schafft es, Leute zum Reden zu bringen, ist absolut zuverlässig und vertrauenswürdig und ebenso hartnäckig auf der Suche nach der Wahrheit wie wir selbst. Ohne ihn hätten wir unsere Reportage also nicht schreiben können, jedenfalls nicht so, wie sie schließlich erschien.

Während unserer Zusammenarbeit habe ich mich lange mit ihm unterhalten, auch darüber, was er von seinem Job hält und wie er davon leben kann. Sebastian ist seit vielen Jahren Fixer, unter anderem regelmäßig für den amerikanischen Fernsehsender CBS, von dem er sich gut behandelt fühlt und der ihm, selbst gemessen an amerikanischen Verhältnissen, ein anständiges Tageshonorar zahlt. Mit dem Geld kann Sebastian, der eine große Familie zu ernähren hat, seine Kinder auf die besten Schulen Haitis schicken und es seiner Frau ermöglichen, zu Hause zu bleiben und sich um die Erziehung zu kümmern. Er ist gerne mit den Journalist*innen im Einsatz, interessiert sich für die Arbeit und genießt die Herausforderung.

Das Ganze ist also verzwickt. Die Frage, ob man mit Fixer*innen arbeiten darf weckt bei mir ebenso ambivalente Gefühle wie mein Auftrag in Haiti. Ich bin der festen Überzeugung, dass Sebastians Name in die Autor*innenzeile gehört. Aber vor die Wahl gestellt, ob ich ihn ohne Namensnennung für mich arbeiten lasse oder gar nicht, weiß ich, wofür ich mich entscheide – und dass er meine Entscheidung für richtig hält.

Wenn es nach mir gegangen wäre, wäre ich liebend gerne länger in Haiti geblieben, um das Land in all seiner Vielfalt besser kennenzulernen. Aber die Zeitung, in deren Auftrag ich dort war, hatte mir genau eine Woche für die Reportage gegeben und zahlte keinen Tag länger. Unser Auftrag lautete, den vielen Leidensgeschichten, die es bereits über Haiti gibt, noch eine weitere hinzuzufügen. In einer besseren Welt wären wir zusätzlich mit einer positiven Geschichte nach Hause gekommen.

Welche Schlussfolgerung ich daraus ziehe? Zunächst einmal, dass es Zeit wird, Fixer*innen endlich in die Autor*innenzeile aufzunehmen.

Dass das grundsätzlich von Zeitungsverlagen abgelehnt wird, liegt daran, dass man sie nicht für ebenbürtig mit den Reporter*innen hält, sondern – im wahrsten Sinne des Wortes grob gesagt – für so etwas wie Leiharbeiter*innen.

Meine Haltung dazu ist ganz einfach, dass Fixer*innen, die genannt werden möchten (was aus Sicherheitsbedenken nicht immer der Fall ist), auch genannt werden sollten – entweder in der Autor*innenzeile oder zumindest in einer Danksagung am Ende des Artikels

Beim nächsten Auftrag werde ich mich dafür energischer einsetzen als bisher.

Die Redakteur*innen, die die Reportagen in Auftrag geben, sollten schließlich längst begriffen haben, dass es sich dabei nie um das Werk von Einzelpersonen handelt. Wenn in der Printausgabe für eine vollständige Aufzählung aller am Text Beteiligten nicht genügend Platz sein sollte, könnte zumindest online für Vollständigkeit gesorgt werden.

Bleibt noch die Frage, ob Fallschirmjournalismus für die Boulevardpresse eine Arbeit ist, die mit Anstand und Würde ausgeübt werden kann. Nichts anderes jedenfalls habe ich in Haiti zu tun versucht: Ich fuhr dorthin, um die Menschen, mit denen ich gesprochen und gearbeitet habe, respektvoll zu behandeln, und die Geschichten, die sie mir anvertraut haben, angemessen und präzise aufzuschreiben. Ich kann nur hoffen, dass mir das gelungen ist.

Ganz zum Schluss die vielleicht wichtigste Frage: War es richtig, überhaupt in Haiti zu sein?

So oft ich darüber nachgedacht habe, meine Antwort darauf ist immer gleich geblieben. Ja. Womit nicht gesagt wäre, dass alles bleiben soll, wie es ist. Die Dinge sind eben kompliziert.

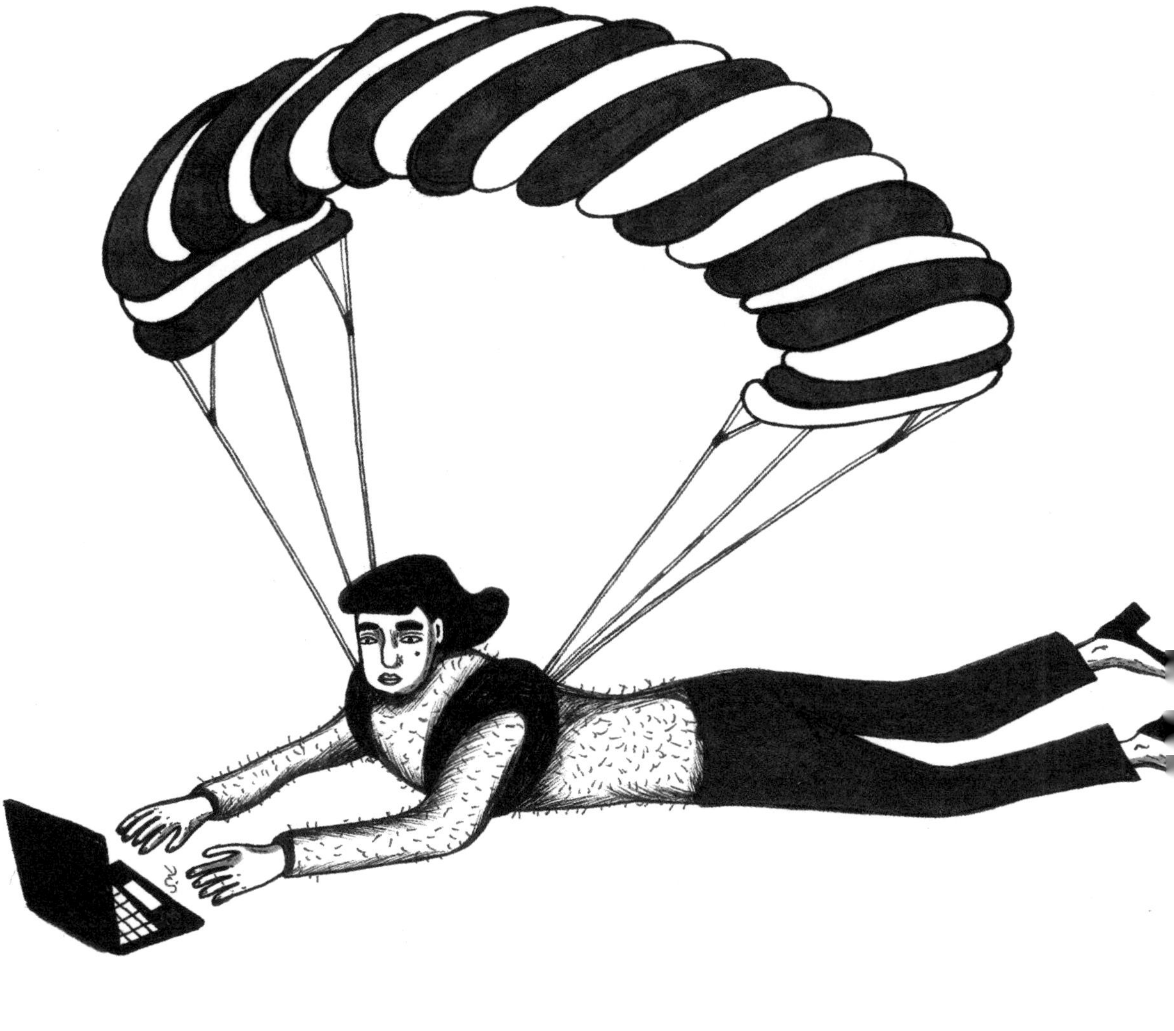

VERTRAUEN SIE IHREN FIXER*INNEN!

Die Beziehung zwischen ausländischen Reporter*-innen und Fixer*innen ist oft von Ungleichheit geprägt. Die kollegiale Zusammenarbeit könnte zu viel besseren Geschichten führen, schreibt die kroatische Journalistin **JELENA PRTORIĆ.**

Einmal bat mich ein ausländischer Journalist, einen jungen, militanten kroatischen Nationalisten für eine Fotostory zu finden. Es dauerte ewig, bis ich einen jungen, rechtsextremen Parteiaktivisten überzeugt hatte, mit ausländischen Medien zu sprechen. Das Interview schaffte es letztendlich nicht in die Endfassung, denn unser Gesprächspartner „sah nicht militant genug aus". Bei einer anderen Gelegenheit entschuldigte ich mich bei einem Fernsehjournalisten, weil die kroatische Küstenstadt, in der wir gedreht hatten, nicht ganz nach Dubrovnik aussah - oder besser gesagt, nicht „nach ‚King's Landing' in ‚Game of Thrones', wegen des hohen Wiedererkennungswerts für das Publikum" (was bedeutet, dass das echte Dubrovnik auch nicht ganz wie „King's Landing" aussieht).

In den letzten fünf Jahren, in denen ich von Kroatien aus tätig bin und den Balkan abdecke, habe ich als Fixerin für mehrere Dutzend Teams ausländischer Fernseh-, Radio- oder Print-Journalist*innen und Fotograf*innen gearbeitet. Wenn ich inzwischen von Journalist*innen angefragt werde, die ich nicht persönlich oder durch Empfehlung kenne, werde ich nervös.

Ich war Fixerin für Journalist*innen, die die Grenzen meiner Quellen nicht respektierten und sie baten, traumatische Erlebnisse mehrmals vor der Kamera zu wiederholen, weil sie „beim ersten Mal nicht erschüttert genug aussahen". Mehr als einmal wurde ich gedrängt, Leute zu finden, die „kameratauglicher sind", obwohl die Befragten Erfahrungen aus erster Hand lieferten. Oder die Zitate wurden so interpretiert, dass sie besser zur vorfabrizierten Geschichte passten: In einem Fernsehbeitrag, an dem ich mitgearbeitet hatte, erkannte ich die Geschichten der Befragten – Kriegsüberlebende in Bosnien und Herzegowina – nicht wieder, weil ihre Zitate verzerrt, übertrieben und von Begleitmusik erschlagen wurden.

Obwohl ich nur für die Nachrichten oder Dokumentarfilme gearbeitet habe, hatte ich manchmal das Gefühl, Reality-TV zu produzieren. Manchmal schien es wichtiger zu sein, eine spannende, visuell ansprechende Geschichte zu bekommen – auch wenn es bedeutete, die Fakten zu „optimieren" – als eine ausgewogene und nuancierte Version.

Die Rechte, Pflichten und Verantwortlichkeiten eines*r Fixer*in werden international durchaus unterschiedlich verstanden. Manchmal beschränken sich die Aufgaben auf die logistische Unterstützung einer ausländischen Mediencrew (z. B. als Fahrer*in oder für die Einholung der Drehgenehmigungen) oder die Übersetzung von Interviews. Manchmal ist der*die Fixer*in dagegen für alles verantwortlich, von der Idee oder einem neuen Blickwinkel auf die Geschichte über das Finden und Buchen der Befragten bis hin zur Versorgung der ausländischen Journalist*innen mit lokaler Analyse und der Einfügung in einen größeren Kontext.

Das ist nur der sichtbare Teil der Aufträge. Die emotionale Arbeit, die mit der Übersetzung schwieriger persönlicher Geschichten, manchmal schrecklicher Tragödien, in die Sprache der ausländischen Journalist*innen einhergeht, ist darin noch nicht enthalten; emotionale Arbeit ist es auch, sowohl die Quellen als auch die Befragten bei Laune zu halten und manchmal den Puffer zwischen einem*r leicht übergriffigen Reporter*in und einer leicht verstörten Quelle zu spielen. Von den Quellen bzw. Befragten vor Ort werden in der Regel der*die Fixer*in und nicht die ausländischen Reporter*innen für das Ergebnis verantwortlich gemacht – ich vermute, dass diese Tatsache wenig bekannt ist.

Der Artikel „Fixing The Journalist-Fixer Relationship: A Critical Look Towards Developing Best Practices In Global Reporting",[57] der von „Nieman Reports" und dem „Global Investigative" Journalism Network verfasst wurde, behandelt die Beziehung zwischen Auslandskorrespondent*innen und Fixer*innen; in diesem wird „eine dramatische Kluft" zwischen der Art und Weise, wie Journalist*innen und Fixer*innen ihre eigene und die Rolle des Gegenübers hinsichtlich Verantwortlichkeiten und Beiträgen zur Berichterstattung sehen, konstatiert.

„Uns ist aufgefallen, dass es zu einer problematischen Machtdynamik kommen kann, wenn gutbetuchte ausländische Reporter*innen lokale Journalist*innen in einem oft ärmeren Land für ihre Belange engagieren", heißt es in dem Artikel.

Ich möchte hier das Argument einwerfen, dass diese Machtdynamik ganz andere Dinge beschädigt, als nur die Beziehung zwischen Journalist*in und Fixer *in. Wenn eine Fixerin als bloße Auftragnehmenerin und weniger als Journalistin gesehen wird, hat ihr Rat und ihr Beitrag zur Geschichte weniger Gewicht. Und das schadet der Berichterstattung.

Die mangelnde Wertschätzung lokaler Journalist*innen, die als Fixer*innen beschäftigt werden, sorgt dafür, vorherrschende Narrative zu perpetuieren; diese Narrative werden von (meist westlichen) Medien dominiert, die über Gegenden berichten, über die sie oft wenig wissen. Durch einen solchen Journalismus, der auf latent bereits im Vorfeld vorhandenen Geschichten und Vorstellungen von ausländischen Medienschaffenden basiert, werden Mythen über Orte reproduziert und rekonstruiert. Berichte über das Geschehen vor Ort entstehen dadurch nicht. Auf dem Balkan drehen sich diese mythischen Erzählungen immer um „Kriegsnarben", „tiefe ethnische Grenzen" und „gewalttätigen Nationalismus". Diese Probleme existieren und sie sollten auch nicht kleingeredet werden – aber wir alle würden von einer differenzierteren Berichterstattung über schwierige Themenkomplexe profitieren. Ich fürchte, dass diese Art der Berichterstattung langfristig auch Konsequenzen für die Arbeit von lokalen Journalist*innen hat, wenn sie Aufträge von ausländischen Medien bekommen wollen. Die Versuchung, die Orte an die bereits etablierte Geschichte anzupassen, ist groß, wenn man Storys verkaufen möchte (und letztendlich auf Folgeaufträge hofft).

Es wäre unfair – und es liegt auch nicht in meiner Absicht! – ausländische Journalist*innen generell als oberflächlich zu diskreditieren. In den meisten Fällen liegt ihren teils absurden Forderungen der immense Wettbewerbsdruck zugrunde, unter dem sie in einem hart umkämpften Arbeitsumfeld stehen: Der Druck, originellere, sensationellere und exklusivere Geschichten als die bereits bekannten zu produzieren; der Druck, sie in kürzester Zeit mit manchmal knappem Budget abzuliefern.

Die Affäre um den deutschen „Spiegel"-Reporter Claas Relotius, der viele seiner (preisgekrönten) Geschichten gefälscht hat, kann als extremes Beispiel herangezogen werden. Wie ein Journalist unter dem Druck, die perfekte Geschichte zu liefern, die exklusivsten Interviews zu bekommen und mit jeder Geschichte den Appetit auf eine bestimmte Art von Erzählung zu befriedigen, zusammenbricht. Nicht, dass es diesen Druck nicht schon früher gegeben hätte, aber die Herausforderung, die bereits von der Fülle an Geschichten und Informationen gesättigte Aufmerksamkeit des Publikums zu erregen, ist gestiegen.

Die fremde Perspektive auf eine Geschichte kann nützlich und erfrischend sein. Journalist*innen ohne fundierte Kenntnisse der Länder, über die sie gerade berichten, können punktgenaue Fragen stellen, an die lokale Journalist*innen nicht unbedingt denken würden. Sie können interessante, neue Perspektiven entwickeln und lokale Journalist*innen/Fixer*innen können von ihren Erfahrungen, ihrer Expertise und ihren Perspektiven profitieren.

Aber ein solcher Wissenstransfer sollte in einem ausgewogeneren Verhältnis erfolgen. Wenn lokale Journalist*innen, die als Fixer*innen für ausländische Medien arbeiten, mehr sind als nur Übersetzer*innen und Moderator*innen, sollte ihre Arbeit auch gebührend gewürdigt werden; sie sollten, wenn möglich, als Koautor*innen beschäftigt werden. Fixer*innen werden heute normalerweise nicht namentlich genannt, sie bekommen keine Anerkennung für eine gut gemachte Geschichte. Man kann sich vorstellen, wie frustrierend es ist, wenn eine Geschichte breite Anerkennung findet (und vielleicht eine Auszeichnung erhält), und der*diejenige, der*die dazu beigetragen hat, steht abseits des Rampenlichts. Dass der*die Fixer*in weiterhin in einem gefährlichen Gebiet der Welt arbeitet und lebt, schmälert die Frustration nicht.

Dieses Thema sollte innerhalb der Branche auf den höchsten Ebenen diskutiert werden. Lokale Journalist*innen, die als Fixer*innen arbeiten, sollten besser geschützt werden, man sollte ihre Expertise schätzen und ihre Arbeit muss anerkannt werden.

Die steigende Zahl internationaler Stipendien und Projekte ist ein ermutigendes Zeichen für den Journalismus. Heute arbeiten immer mehr Journalist*innen aus verschiedenen Ländern an internationalen Projekten zusammen. Es gibt eine Reihe von Plattformen, auf denen sich größere Medien direkt mit Journalist*innen vernetzen können, die irgendwo auf der Welt an einem bestimmten Ort leben und/oder Fachleute auf ihrem Gebiet sind. Über diese Plattformen kann man sie buchen – nicht als Fixer*in, sondern als lokale Mitwirkende. Diese Entwicklung löst vielleicht das Problem der Ungleichheit in der Branche nicht ad-hoc, aber es ist ein vielversprechender erster Schritt in die richtige Richtung: mehr Vielfalt im Journalismus und letztendlich bessere Geschichten.

EIN MÜHE-
VOLLER
NEUSTART

Eine Karriere im Ausland aufzubauen ist für Journalist*innen besonders schwer – von der sprachlichen Herausforderung bis zur Akzeptanz der Kolleg*innen in der Redaktion. Zwei Projekte zeigen, dass es durchaus kreative Möglichkeiten gibt, den Zugang zu erleichtern, schreibt die tunesische Journalistin **ASMA ABIDI.**

Ich kam 2016 für ein Masterprogramm in „International Media Studies" nach Deutschland, einem internationalen Studiengang mit Schwerpunkt Medienentwicklung und Recherche. In meiner tunesischen Heimat hatte ich mich zuvor bereits von der Ingenieurswissenschaft ab- und mit Leidenschaft und Erfolg dem Journalismus zugewandt. Die Entscheidung, mich der ungleich größeren Aufgabe eines Neubeginns in einem fremden Land zu stellen, war mir nicht leicht gefallen. Aber Deutschland schien mir ein Land voller Möglichkeiten, ein Ruf, den es für viele von uns im „Globalen Süden" besitzt.

Aber anders als der aufregende Schein versprach, erwies es sich als durchaus schwierig, einen Praktikumsplatz in einer Redaktion zu bekommen oder im Umfeld der Medien zu arbeiten.

Ich erfuhr jeden Tag aufs Neue, wie anstrengend der Weg war, auf den ich mich begeben hatte. Jobs in Lokalmedien zu finden ist hart, vor allem für Newcomer*innen, vor denen im Vergleich mit der Konkurrenz noch die Hürden von Landessprache und einheimischen Netzwerken stehen, was den Zugang noch erschwert.

Ich habe zwei Diplome und sechs Jahre Erfahrung in diversen Projekten im Bereich der Medienentwicklung und multimedialen Beitragsentwicklung, ich spreche vier Sprachen – darunter ordentliches Deutsch – und ich habe einen ausgeprägten Sinn für Storytelling und Reportage. Warum ist es also so schwer, in der deutschen Medienlandschaft unterzukommen?

Einige Leute halten die Sprache für das Haupthindernis. Um gesellschaftliche Zusammenhänge zu verstehen und das Thema, mit dem man sich beschäftigt, zu durchdringen, braucht es zweifellos fortgeschrittene Deutschkenntnisse. Trotzdem sollte die Beherrschung der Sprache kein unüberwindliches Problem darstellen. Journalist*innen können selbst mit mittleren Deutschkenntnissen recherchieren, Interviews führen, Fakten in verschiedenen Sprachen prüfen, an visuellem Storytelling oder Hintergrundgeschichten arbeiten und dabei ihre jeweiligen Perspektiven zu aktuellen Themen einbringen. Würde man ihnen – unterstützt von Kolleg*innen oder Aufbaukursen – dabei helfen, ihre Sprache zu verbessern, während sie zugleich praktische Erfahrung sammeln, ließen sich ausländische Journalist*innen nachhaltig integrieren.

Andererseits finden vielleicht viele Medienunternehmen eine ethnische Quote in der Redaktion überflüssig oder unwichtig, weil, im Gegensatz zu vielen anderen Ländern wie den USA oder Großbritannien, das ethnische Problembewusstsein aufgrund der jüngeren deutschen Einwanderungsgeschichte noch nicht sehr ausgeprägt ist.

Dabei war und ist Deutschland ein Einwanderungsland, in den jeweiligen Bundesländern gibt es ganz verschiedene und vielfältige Communities – aber die Medien bilden das nicht ab.

Nach Schätzungen von Studien[58] liegt der Prozentsatz von Journalist*innen mit migrantischem Hintergrund bei fünf Prozent aller journalistisch Arbeitenden des Landes; in der Gesamtbevölkerung liegt der Anteil von Menschen mit Migrationshintergrund jedoch bei 20 Prozent.

Wie also könnte sich der deutsche Journalismus für die diversen Minderheiten und Neueinsteiger öffnen und sie unterstützen?

Die Frage ist doch: Sind die Redaktionen bereit, in eine solche Diversifizierung zu investieren? Sind ihnen ethnische Quoten und Gesetze wichtig, die Menschen „positiv diskriminieren“? Was wäre, wenn sich der deutsche Journalismus die Kraft der Unterschiede und der Inklusion zu eigen machen würde? Als Antwort wird es nicht reichen, einfach mehr Vertreter*innen von Minderheiten und Migrant*innen einzustellen, sie müssen auch auf der Entscheidungsebene, in den Redaktionsleitungen sichtbar sein und die strategischen Visionen der Unternehmen mitgestalten können.

Der Weg hin zu einem inklusiven und integrativen Journalismus ist lang; aber immerhin bewegt sich etwas. Bei all den Schwierigkeiten, die ich in den letzten beiden Jahren erlebt habe, habe ich es schließlich doch geschafft, stolz auf meine ersten Veröffentlichungen in deutschen Medien zu schauen. Das verdanke ich zwei gemeinschaftlichen journalistischen Erfahrungen: Dem „Alphabet des Ankommens" und einem „Tandem"-Projekt.

Ankommen als Aufgabe

Beim „Alphabet des Ankommens" handelt es sich um ein Projekt des Deutschen Comicvereins. Es führt Journalist*innen und Comickünstler*innen in einem einwöchigen Workshop zusammen, die vom Leben in einem neuen Land berichten und davon erzählen, was es heißt, in Deutschland neu anzufangen.

Auf das „Alphabet des Ankommens" kam ich über die Lektüre von „Abwab", einer unabhängigen Monatszeitung, die sich den Problemen und Bedürfnissen von arabischsprachigen Flüchtenden und Migrant*innen in Deutschland widmet. Das Monatsblatt ist selbst schon ein Beispiel dafür, wie Medien aus den Communities Geflüchtete und Migrant*innen, die neu ins Land kommen, unterstützen können.

Der Aufruf des Comic/Journalismusprojekts richtete sich gleichermaßen an Comiczeichner*innen aus Deutschland und Leute jeglicher migrantischen Herkunft, aber speziell auch an jüngst Zugezogene, die nach Deutschland kamen, um hier zu arbeiten oder Asyl zu finden.

Es war eine sehr spannende Erfahrung, an dem Workshop teilnehmen zu dürfen. Ich hatte mich schon monatelang um einen Zugang zur deutschen Medienlandschaft bemüht. Ich hatte keine Idee, wo ich anfangen sollte, wem ich Beiträge anbieten könnte oder welche Zeitungen und Magazine überhaupt Beiträge von freien Journalist*innen oder Medienwissenschaftler*innen veröffentlichen. Da schien mir dieser Workshop die ideale Gelegenheit, meine Karriere in diesem Land anzustoßen und Kontakte zu Kolleg*innen zu knüpfen.

Der einwöchige Workshop auf dem Kunst- und Mediencampus der Hamburg Media School war ein einzigartiges Treffen engagierter Journalist*innen und junger Kreativer, die sich auf neue und alternative Weise mit Migration auseinandersetzen wollten. Die Tandems bestanden aus jeweils einer*m Journalist*in und einer*m Comickünstler*in und jedes beschäftigte sich mit einem bestimmten Thema. Ich bekam die Gelegenheit, mit Ilki Kocer, einer brillanten Comiczeichnerin aus Berlin, an einer Geschichte über die Stigmatisierung muslimischer Frauen in Deutschland zu arbeiten, erzählt am Beispiel einer jungen palästinensischen Hijabi, die in Deutschland ihren Master in Asienstudien beenden will und dabei ständig nach ihrer Identität, ihren Problemen und ihrer Erscheinung in der Öffentlicheit gefragt wird.

Die Redaktionsgespräche und die mehrtägige Recherche – auf der Suche nach Protagonist*innen und der Auswertung von Statistiken – gaben mir ebenso wie die Arbeit am Storyboard unter der Anleitung eines Redakteurs und einer erfahrenen Comiczeichnerin endlich wieder das Gefühl, Teil einer dynamischen Redaktion zu sein.

Es war unbeschreiblich, als ich die ersten Zeichnungen unserer Story sah. Am Ende des Workshops waren aus den Ideen fast fertige Reportagen entstanden: über Erlebnisse in Jobcentern und mit Nachbar*innen geteilte Lebensmittel, über Diskriminierung und bürokratische Hürden in Deutschland, aus dem Blickwinkel und erzählt von den betroffenen Migrant*innen selbst.

Nach einigen Monaten erschienen unsere Comicreportagen in mehreren deutschen Magazinen. Es war aufregend, als die allerersten Produktionen in Lokalmedien und Online erschienen.

Journalistische Tandems – Integration durch gemeinschaftliches Arbeiten

Einige Monate später ergab sich wieder eine Gelegenheit zu einer gemeinsamen Arbeit, nämlich bei „Wir sind viele", einem Projekt des in Berlin ansässigen Vereins wearedoingit e.V. (WIR MACHEN DAS). Hinter dem Projekt steht die Idee einer Plattform für Journalist*innen, die ihre Heimatländer verlassen haben und nun damit kämpfen, ihre journalistische Tätigkeit in Deutschland anzuschieben, Leser*innen und Netzwerke zu finden.

Ich lebte damals in Bonn, weshalb mich das Tandem-Projekt mit der Kölner Fotografin Jennifer Fey zusammenbrachte. Wir recherchierten im Team, suchten gemeinsam nach Biografien und Initiativen, über die wir berichten wollten und recherchierten in Köln und dem Kölner Umland.

Wir waren beide überzeugt, dass die Berichte über Geflüchtete und Migrant*innen zu eindimensional seien. Und beide glaubten wir an die Macht des Erzählens und daran, dass es wichtig sei, die fehlenden, diversen Perspektiven in die Medien zu bringen.

Das führte uns schließlich in eine Kölner Kirche und zu einem Porträt von Mezhar Helioun, einem 72-jährigen syrischen Rentner, der zu Hause alles verloren hatte und jetzt ein neues Leben anfing – voller Hoffnung, Offenheit und Freundschaft, die er in dieser Kirche gefunden hatte, wo er auf Tagesbasis als Freiwilliger hilft.

Das Tandem-Projekt bot uns nicht nur die Chance, als Team mit Unterschieden eine sinnvolle Beziehung zueinander aufzubauen; sondern auch zu unserem Protagonisten.

Während wir nach weiteren inspirierenden Geschichten suchten, hatte die Projektleitung schon für die Veröffentlichung unserer ersten Story im Magazin der „Caritas NRW" gesorgt. Unsere zweite Geschichte, in der es um die berufliche Integration einer syrischen Geflüchteten aus dem Kunstsektor ging, erschien dann bei „EditionF", einem digitalen Magazin für Frauen.

Das Kernanliegen dieses Projekts bestand darin, das Wissen und die Sachkenntnis von Autor*innen und Journalist*innen mit Migrationshintergrund zu demonstrieren und ihnen dabei zu helfen, ihren Beruf wieder aufzunehmen.

Diversität verbessert die Berichterstattung

Für mich waren diese beiden Projekte, sowohl als Journalistin als auch Migrantin, überaus ermutigend und positiv – trotz aller Schwierigkeiten, mich in Deutschland beruflich zu integrieren. Ich glaube, dass sich Medienindustrie und Journalismus im Besonderen für neue Stimmen und Perspektiven öffnen müssen. Dafür braucht es nicht nur den politischen Willen zu Inklusion und vielfältiger Repräsentation; auch die Redaktionen selbst müssen sich stärker darum bemühen, Brücken zu schlagen: indem sie mehr Volontariate und Praktika für Journalist*innen aus unterrepräsentierten Communities schaffen; indem sie daran arbeiten, jene Menschen, denen die Bindung an und Erfahrung in der lokalen journalistischen Industrie fehlen, besser beruflich zu integrieren; und nicht zuletzt indem sie den Wert erkennen, den Menschen aus anderen Kulturkreisen in die Redaktionen und die Arbeitswelt bringen.

MYTHOS AUSLÄNDER-KRIMINALITÄT

Soziale Probleme und Kriminalität? Schuld daran sind angeblich immer die Fremden unter uns. So ist das überall auf der Welt, auch in den Golfstaaten. Ein Trend, gegen den wir etwas tun können, glaubt **AHMAD SABRI** und plädiert für journalistische Verantwortung.

Seit 2008 vergeben Saudi-Arabien, Kuwait und Bahrain keine Arbeitsvisa mehr an Menschen aus Bangladesch. Der Grund dafür: eine regelrechte Flut von Berichten in Printmedien und Onlinemagazinen, in denen behauptet wurde, für die meisten der in diesen drei Ländern begangenen Verbrechen seien Bangladeschi verantwortlich. 2012 waren dann Gastarbeiter*innen aus Äthiopien dran. Diesmal kam es nicht nur zu einer Aussetzung von Arbeitsvisa, sondern sogar zu gewalttätigen Auseinandersetzungen auf der Straße.[59]

Dass Regierungen sich auf unbegründete Ängste stützen, um Maßnahmen gegen Angehörige bestimmter Nationen zu ergreifen, ließe sich als ungewöhnlichen Schritt bezeichnen. Aber andere zu überzeugen, dass diese Maßnahmen in beiden Fällen falsch waren, erwies sich keineswegs als so leicht, wie ich mir das vorgestellt hatte. Denn erstens kann es so etwas wie eine Kollektivschuld einer Volksgruppe für die Verbrechen einzelner ihr Angehörenden nicht geben. Und zweitens sind Einreiseverbote für bestimmte Nationalitäten kein wirksames Mittel der Verbrechensbekämpfung. Doch die Ankündigung Saudi-Arabiens, ein Einreiseverbot für Bangladeschi (2016)[60] und Äthiopier*innen (2018)[61] zu erlassen, schien die meisten Leute nicht weiter zu beunruhigen.

Die ölreichen Länder des Golf-Kooperationsrates (GCC) - Saudi-Arabien, Kuwait, Bahrain, die Vereinigten Arabischen Emirate, Katar und Oman - verfügen allesamt über bedeutende Expat-Communities. In einigen dieser Länder stellen Ausländer*innen sogar die Mehrheit der Bevölkerung dar. Davon ist in den Medien allerdings nicht viel zu spüren. In Kuwait machen die sogenannten Expats etwa 70 Prozent der Bevölkerung aus, schätzungsweise 600.000 von ihnen arbeiten als Hausangestellte.[62] Aber dieser beachtliche Teil der Bevölkerung wird in den Medien nicht angemessen repräsentiert. In keiner einzigen der in Kuwait produzierten und dort sehr beliebten Seifenopern etwa spielen Ausländer*innen eine Rolle. Das ist nur eines von vielen Beispielen für die Unsichtbarkeit der ausländischen Arbeitskräfte. Sie zu verschweigen ist schlimm genug, noch schlimmer aber ist das Zerrbild, das die Presse von ihnen zeichnet, sofern sie überhaupt einmal erwähnt werden.

Auf dem Höhepunkt der medialen Panikmache gegen die angebliche kriminellen Bangladeschi 2008 machte eine saudische Zeitung mit der Schlagzeile auf: „Bangladeschi begehen 7.971 Verbrechen, darunter 18 Morde ... Angriffe und Vergewaltigungen"[63]. Bei der Lektüre des Artikels stellte sich heraus, dass es sich bei 72 Prozent dieser Verbrechen um illegale Telefonate handelte. Gewaltdelikte dagegen waren selten, und lediglich sechs davon hatten tödliche Folgen. Angesichts der 1,8 Millionen Bangladeschi, die in Saudi-Arabien leben, hatte also nur ein verschwindender Prozentsatz von ihnen ein Verbrechen begangen. Das sieht in der Presse anders aus: In einer katarischen Zeitung erschien die Karikatur einer bengalischen Hausangestellten mit einem riesigen, monsterförmigen Schatten. In einer anderen Zeitung aus einem GCC-Land wurden Bangladeschi als Dieb*innen karikiert. In der Zeitung „Alittihad" aus den Vereinigten Emiraten lautet eine Überschrift: „Achtung, Bangladeschi im Anmarsch!" und in Bahrain (wo 90.000 Menschen aus Bangladesch leben) war ein einziger Mordfall aus dieser Community Anlass genug, das erwähnte Einreiseverbot zu erlassen.

Obwohl saudi-arabischen Statistiken zu entnehmen ist, dass aus Äthiopien stammende Menschen, insbesondere Frauen, für das Kriminalitätsaufkommen im Königreich keine nennenswerte Bedeutung haben, wird in der Landespresse immer wieder ein Zusammenhang zwischen äthiopischen Dienstmädchen und der Ermordung von saudischen Frauen und Kindern hergestellt. Auf der Website von „Alarabiya" suggeriert die Schlagzeile „Äthiopische Straftaten wieder auf dem Vormarsch" ein wiederkehrendes Muster. Und in der Zeitung „Alwatan" findet sich die Überschrift „Äthiopische Hausangestellte retten saudische Familien ... und töten ihre Kinder". Einige Zeitungen aus den GCC-Ländern gingen noch weiter und beschuldigten äthiopische Kindermädchen sogar des rituellen Kindsmords, wodurch sich der äthiopische Botschafter in Saudi-Arabien zu dem Hinweis veranlasst sah, dass 97 Prozent der Äthiopier*innen Muslim*innen oder Christ*innen seien.

Die mediale Hysterie kommt nicht von ungefähr. Von niemand Geringerem als dem bahrainischen Arbeitsminister stammt die Aussage, Ausländer*innen stellten für die GCC eine größere Gefahr dar als die Atombombe oder ein Angriff Israels. Und es sei zu befürchten, dass Migrant*innen eines Tages sogar das Amt eines*einer Minister*in oder Abgeordneten bekleiden könnten.[64] Der ehemalige Polizeichef von Dubai behauptete 2011 in einem Artikel, Migrant*innen gefährdeten die Ökonomie, die Gesellschaft und das Sicherheitsgefühl, die Demografie, die Kultur und vieles andere mehr.[65] Auch Politiker*innen in Kuwait und Bahrain sind mit aufmerksamkeitserregenden Verallgemeinerungen gegen bestimmte Nationalitäten auffällig geworden.

Interessant in diesem Zusammenhang ist, dass ausländische Arbeitnehmer*innen in den GCC-Ländern dem restriktiven Kafala-System unterliegen, wonach sie einen einheimischen Bürgen benötigen, der für sie verantwortlich zeichnet und zu dem sie in einem Abhängigkeitsverhältnis stehen. Das System an sich verstößt bereits gegen eine ganze Reihe von Menschenrechten und ermöglicht es der einheimischen Bevölkerung, Verbrechen an ausländischen Arbeitskräften zu begehen, ohne dafür zur Rechenschaft gezogen zu werden. Die Kafala-Gesetze tragen darüber hinaus zur finanziellen Notlage ausländischer Arbeitskräfte bei, die wiederum erwiesenermaßen ein Grund für steigende Raten bei der Ausländer*innenkriminalität ist. Aber solche systemischen Zusammenhänge und institutionellen Erklärungen (nicht Rechtfertigungen) für Kriminalität spielen in der öffentlichen Diskussion so gut wie keine Rolle.

Mediale Voreingenommenheit und vorurteilsbeladene Berichterstattung sind ein globales Phänomen, das sich in allen möglichen Bereichen und in den unterschiedlichsten Abstufungen zeigt – vom Kino bis zum Comic, von den Nachrichtensendungen bis zur Musikindustrie. Aus ihnen nährt sich und mit ihnen wächst das menschliche Bedürfnis, sich durch die Erschaffung eines „Anderen" des eigenen „Ichs", der eigenen Identität, zu vergewissern. Indem wir die „Anderen" dämonisieren, werten wir „uns" auf und erzeugen in der Abgrenzung Solidarität und Zusammengehörigkeit unter unseresgleichen. Es macht unsere Probleme irgendwie kleiner und handhabbarer, wenn wir sie „anderen" in die Schuhe schieben können, auch wenn die Statistik klar zu erkennen gibt, dass „wir" selbst es sind, unsere eigenen Landsleute, die für den Großteil aller Verbrechen verantwortlich sind.

Menschen, die uns fremd sind, kollektiv zu Verbrecher*innen zu erklären, ist außerdem eine ausgesprochen einfache und bequeme Methode, sich komplizierter Fragen zu entledigen. Um sich mit einem komplexen Thema wie Kriminalität auseinanderzusetzen und Argumente zu entwickeln, sind Wissen und Einsichten vonnöten. Extreme Verallgemeinerungen treten insofern eher in Hinblick auf Gruppen auf, die wir nicht gut genug verstehen oder kennen, um uns differenziert mit ihnen auseinanderzusetzen. Bangladeschi und Äthiopier*innen sind keine Araber*innen – und die Sprachbarriere öffnet irrationalen Ängsten ihnen gegenüber Tür und Tor. Ein Blick auf die saudi-arabische Statistik zeigt, dass Jemenit*innen die höchste Kriminalitätsrate unter den in Saudi-Arabien lebenden ausländischen Arbeitskräften aufweisen. Jemenit*innen sind Araber*innen aus einem Nachbarland, Millionen von ihnen leben bereits seit Langem hier. Jede*r Saudi ist mit ihnen von Kindheit an vertraut, kennt sie, hat Umgang mit ihnen und begegnet ihnen überall im Alltag. Saudis und Jemenit*innen gehen zusammen in die Schule, zur Universität, zur Arbeit, sie heiraten einander und gründen Familien. Daher ist den Saudis auch ohne Weiteres klar, dass ein*e Jemenit*in, die ein Verbrechen begeht, nicht repräsentativ für alle Jemenit*innen ist, und dass kein Anlass zur Dämonisierung besteht, nur weil jemand aus dem Jemen stammt. Solche an sich naheliegenden Einsichten fallen uns aber offenbar schwerer, wenn es um weniger vertraute Gruppen geht.

Wie können die Medien zu einer Lösung des Problems beitragen? Ein offensichtliches Problem besteht zunächst darin, dass Ausländer*innen in den Medien in doppelter Hinsicht unterrepräsentiert sind: Sie sind selten Gegenstand der Berichterstattung und noch seltener aktiv im Medienbetrieb vertreten. Dort aber werden sie dringend benötigt, ob als Journalist*innen oder auf der Ebene der Entscheidungsträger*innen. In besonderem Maße gilt dieses Desiderat für die Länder, in denen ausländische Arbeitskräfte einen beträchtlichen Anteil der Bevölkerung ausmachen. Wir brauchen mehr Diversität, damit marginalisierte Stimmen hörbar werden und bislang vernachlässigte Themen zur Sprache kommen, etwa die erwähnten Bürgschafts-Gesetze, die Schädlichkeit der Verbreitung von Klischees über nationale Gruppen, die Schwierigkeiten von Ausländer*innen, Hilfe bei Polizei und Justiz zu finden, oder die Gesetzgebung, die es Einheimischen möglich macht, bei Verbrechen an Ausländer*innen ungestraft davonzukommen.

Vielfalt ist nicht überall herstellbar - und nicht die einzig mögliche Lösung. Das heißt aber nicht, dass wir uns mit den bestehenden Verhältnissen abfinden müssen. Vielmehr sollten wir es zum festen Bestandteil jeder journalistischen Ausbildung machen, dass es Aufgabe der Medien ist, Stereotypisierungen und Sensationsgier zu vermeiden und den „Anderen" eine Stimme zu geben. In Presseberichten der GCC-Länder zum Thema Ausländer*innenkriminalität kommen Ausländer*innen bislang so gut wie nie zu Wort. Sie werden nicht zitiert, nicht interviewt und gewinnen so kaum menschliche Züge. Das aber lässt sich ändern durch eine angemessene Ausbildung, die auf differenziertes Denken und Berichten setzt und die künftigen Journalist*innen - natürlich auch in Hinblick auf andere marginalisierte Gruppen - für das Problem sensibilisiert.

Das „Fremde" oder „Andere" kann zu einer fixen Idee werden, die unser gesamtes Denken beherrscht. Wer Bewusstsein schaffen und gesunde Debatten führen will, muss diese Hegemonie immer wieder infrage stellen und sich ihr widersetzen. In den meisten GCC-Ländern gibt es nur ein geringes Maß an politischer Freiheit und Pressefreiheit, was diesen Widerstand erschwert. Selbst in den englischsprachigen Medien der GCC-Länder, in denen viele Ausländer*innen arbeiten, sind objektive Berichterstattung zum Thema Ausländer*innen die Ausnahme. Daher ist ein Mehr an Meinungsfreiheit und die Zusicherung der Sicherheit für alle, die sich an solchen Diskussionen beteiligen wollen, seien es Einheimische oder Ausländer*innen, ein weiterer wichtiger Faktor für die Verbesserung des Diskurses.

Es steht außer Zweifel, dass Kriminalität eine ernstzunehmende Gefahr für jede Gesellschaft ist. Aber es gibt keine einfachen Rezepte zur Bekämpfung von Kriminalität – und Fremdenfeindlichkeit ist ein einfaches Rezept. Die Medien können einen wichtigen Beitrag dazu leisten, kompliziertere Antworten ins Gespräch zu bringen.

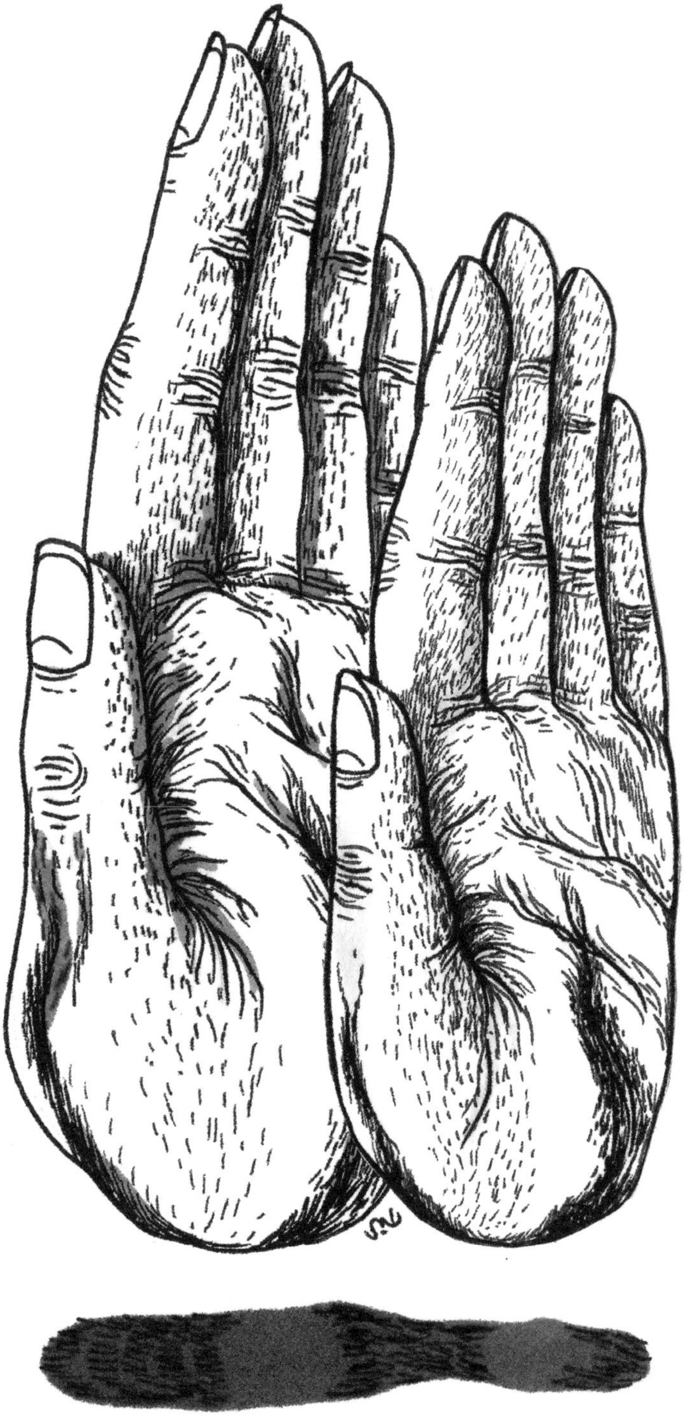

KEINE ZEITUNG FÜR DEINE MUTTER

In einem Land mit 300 Sprachen und Generationen von Migrant*innen aus aller Welt sind australische Medien überwiegend auf Englisch. Junge asiatische Australier*innen suchen anderswo nach Medienvielfalt und Inklusion, beobachtet **SHONA YANG.**

Zu meinen Kindheitserinnerungen gehören die Tage, an denen meine Mutter Großeinkauf machte. Sie kam dann mit Taschen voller Essen nach Hause und zwischen Tofu, Misopaste und Kohl steckte die koreanisch-australische Wochenzeitung „The Sydney Korean Herald“. Ich habe oft mitbekommen, wie sie darin herumlas und mal einen Artikel über die australische Immobilienbranche überflog oder sich in den Lokalanzeigen einen Möbelpacker heraussuchte. Eine Zeitung mit Lokalnachrichten in der Muttersprache war für viele, auch für meine Mutter, das Fenster zu ihrer Umwelt: Der „Herald“ ermöglichte den Blick ins weiße Australien.

Meine Mutter ist Migrantin der ersten Generation – die erste aus ihrer Familie, die sich zu neuen Ufern aufmachte und Bürgerin eines anderen Landes wurde – und lebt hier seit über 25 Jahren. Sie entspricht zwar nicht dem von den Medien gerne verbreiteten Bild der blonden, blauäugigen Vorzeigeaustralierin, aber sie ist eindeutig Australierin. Als sie nach Australien kam, wurde sie tatsächlich noch gefragt, ob sie aus Süd- oder Nordkorea stamme. Die „Community Newspapers“ stellten für Leute wie meine Eltern eine wichtige Hilfe bei der Eingewöhnung dar. Aber für die wachsende Zahl der asiatischen Australier*innen der zweiten Generation braucht unsere Gesellschaft dringend neue Ideen für Diversität und Inklusion in den Medien.

Laut der Volkszählung im Jahr 2016[66] ist fast die Hälfte der australischen Bevölkerung entweder im Ausland geboren oder hat mindestens einen im Ausland geborenen Elternteil. In Australien sind mehr als 300 Sprachen vertreten, ein Fünftel der Nation spricht zu Hause eine andere Sprache als Englisch. Das einzige Mediennetzwerk, das den Auftrag hat, regelmäßig mehrsprachige Inhalte für das nicht-englischsprachige Publikum anzubieten, ist jedoch der „Special Broadcasting Service" (SBS), eine der beiden mit öffentlichen Geldern finanzierten Sendeanstalten.[67]

Nationale Rundfunkanstalten und überregionale Zeitungen stehen in einem so bunt gemischten Land wie Australien vor der Mammutaufgabe, Menschen aus der ganzen Bandbreite der Kulturen ein Gefühl von Teilhabe zu vermitteln. Sich repräsentiert zu fühlen, ist nicht nur in kultureller Hinsicht notwendig, es geht auch um Demokratie: Nur dann kann die große Zahl der Australier*innen mit nicht-englischsprachigem Hintergrund aktiv an nationalen Debatten teilnehmen und fundiert bei allen Themen mitentscheiden, die für das Leben der Menschen in Australien, also auch für sie selbst, wichtig sind.

Die „Community Newspapers" waren historisch betrachtet für die erste Generation von Koreaner*innen, die nach Australien migrierten, von unschätzbarem Wert, weil sie die Lücke zwischen weißen und nichtweißen Medien füllten. Publikationen wie „The Sydney Korean Herald" bauten Sprachbarrieren ab, die vielen Einwanderer*innen dieser Generation den Zugang zu australischen Nachrichten verwehrten. Wochenzeitungen mit Artikeln über Kommunalwahlen, nationale Politik oder kulturelle Themen wie „Great Australian road trips to take in 2019"[68] waren entscheidend im Prozess des Nation-Buildings. Aber für die asiatisch-australische Bevölkerungsgruppe der zweiten und dritten Generation braucht man neue Konzepte.

Für die Generation meiner Eltern besetzten die „Community Papers" eine Leerstelle. Die Mainstream-Publikationen kamen leider nicht auf die Idee, durch Diversität ihrer Inhalte in diese Lücke zu stoßen und neue Zielgruppen einzubeziehen. In Zeiten des Niedergangs der Printmedien suchen viele junge asiatische Australier*innen Alternativen zu den traditionellen Medien, in denen wir und unsere Storys nur am Rande vorkommen, sie nutzen Social Media-Plattformen und gehen online. Nun wächst für die mit dem Internet aufgewachsene und mobile-first Generation die Unzufriedenheit mit der fehlenden Diversität in den australischen digitalen Medien, und es überrascht nicht, dass wir Forschungsergebnissen zufolge von einer wirklichen Repräsentation ethnischer Minderheiten in den australischen Nachrichtenmedien weit entfernt sind.

Junge asiatische Australier*innen informieren sich in den neuen Medien

Eine Untersuchung der „Deakin University" im australischen Victoria über die kulturelle Vielfalt in den Mainstream-Medien[69] zeigte, dass im Ausland geborene Australier*innen seltener traditionelle Medien als Hauptinformationsquelle für Nachrichten angaben und sich häufiger über Internetseiten informierten als diejenigen, die im Land geboren sind (65 gegenüber 48 Prozent). Die Befragten bezeichneten ihr Interesse an Nachrichten auf lokaler und nationaler Ebene als groß, sie distanzierten sich jedoch aufgrund verzerrter Berichterstattung über transnationale Ereignisse von traditionellen Nachrichtenquellen. Die unausgewogene Darstellung von Minderheitengruppen schürte negative Gefühle gegenüber den Gruppen und verbreitete in den Communities of Color ein Gefühl der Angst.

Die Analyse der Berichte in den Mainstream-Medien zeigte auch, dass in über einem Drittel der Artikel über Minderheiten diese negativ dargestellt wurden. Unterschiedliche Perspektiven wurden zu wenig berücksichtigt, in den Artikeln wurden hauptsächlich Quellen genannt, die eine negative Stimmung gegenüber Minderheiten-Communities verbreiteten. Die immerwährende Krise hat sich von den Print- in die digitalen Medien verlagert, wodurch Stereotype verstärkt und der Blick auf die verschiedenen Communities als isolierte Systeme auf Rassenbasis zementiert wird.

Die traditionellen Nachrichtenmedien sollten sich der Tragweite dieser Ergebnisse bewusst werden. Im Digitalzeitalter müssen sich die Mainstream-Nachrichtenkanäle schon anstrengen, um das Interesse junger nichtweißer Australier*innen zurückzugewinnen. Es geht darum, in einer von Diversität geprägten Bevölkerung ein Gefühl der Einheit zu verstärken, unterschiedliche Perspektiven widerzuspiegeln und eine gemeinsame Identität zu schaffen. Das ist schließlich die Schlüsselaufgabe des Journalismus in der Gesellschaft.

Ich bin in Australien geboren und aufgewachsen, aber kann mich als Kind von Immigrant*innen mit dem Gefühl der Isolation und Entfremdung identifizieren, das durch den Mangel an vertrauten Gesichtern und Stimmen verstärkt wird. An der Universität war ich in meinem Studiengang Medien und Kommunikation eine der wenigen Women of Color unter vorwiegend weißen Kommiliton*innen. Außerhalb des Seminarraums begegneten mir in den Medien junge asiatische Überflieger*innen mit Prädikatsexamen oder reiche Auslandsstudent*innen. Die Gesichter und Stimmen von durchschnittlichen People of Color tauchten in den australischen Medien nur selten auf, sie waren eindeutig unterrepräsentiert.

Die asiatischen Australier*innen meiner Generation haben distinktive Merkmale – wir pflegen unser kulturelles Erbe und sind gleichzeitig stolz auf unsere australische Identität. Wir sind gebildet, wir sprechen Englisch und wollen uns an öffentlichen Debatten beteiligen, aber wir stehen, was Inklusion angeht, vor verschlossenen Türen. Man vermittelt Menschen wie uns das Gefühl, auf der Gästeliste vergessen worden zu sein, solange auf der nationalen Bühne nur monologisiert wird.

Neben den wenigen Alibidarsteller*innen australisch-asiatischer Identität ist auf Australiens Bildschirmen und Titelseiten durchaus noch Platz für eine, den Tatsachen entsprechende, Repräsentation von Diversität. Im Jahr 2016 berichtete „Screen Australia"[70], dass in den letzten fünf Jahren nur 32 Prozent der Hauptrollen im australischen Fernsehen an Schauspieler*innen mit Migrationshintergrund innerhalb der letzten zwei Generationen gingen, die nicht aus dem angelsächsischen Kulturkreis stammten. Aus dem „Equity and Diversity Report 2017-18" geht hervor, dass nur 8,3 Prozent der Produzent*innen von Inhalten bei der nationalen Rundfunkanstalt „Australian Broadcasting Corporation" (ABC) aus nicht-englischsprachigen Ländern kamen, ein magerer Anstieg im Vergleich zur Zahl von 7,8 Prozent aus dem Vorjahr.[71]

Das Unternehmen PricewaterhouseCoopers konstatierte in seinem 15. Jahresbericht zur australischen Unterhaltungs- und Medienindustrie, dem „Australian Entertainment & Media Outlook"[72], einen starken Kontrast zwischen der multilingualen Bevölkerung und der monolingualen Medienindustrie. Darin war zu lesen, dass etwa 83 Prozent der Beschäftigten in der einheimischen Medien- und Unterhaltungsbranche zu Hause nur Englisch sprachen. Der Bericht kam zu dem Schluss, dass „die mangelnde Diversität in der australischen Medien- und Unterhaltungsbranche in Bezug auf Ethnizität, Gender, Alter und Denken das Wachstum der Branche beeinträchtigt".

Da junge Australier*innen of Color ihre Informationen eher online und aus Social Media-Quellen beziehen, ist es nicht verwunderlich, dass Mikro-Communities und Foren wie „Subtle Asian Traits", eine „Facebook"-

Gruppe, die sich über Meme und Diskussionsbeiträge mit den Erfahrungen asiatischer Immigrant*innen beschäftigt, immer populärer werden. Solange die australischen Medien keine größere Vielzahl von Stimmen zulassen – sowohl hinsichtlich der Belegschaft als auch der Geschichten, die sie erzählen –, halten sich viele asiatische Australier*innen an die Online-Community, weil nur dort die Idee der Inklusion angekommen ist, und nur unter dieser Voraussetzung können wir uns mit unserer doppelten Identität auseinandersetzen und Themen diskutieren, die uns wichtig sind.

Um an den demokratischen Prozessen eines Landes teilzunehmen, werden ethnische Minderheiten immer auf spezielle Informationen und zusätzliches Wissen angewiesen sein. Diversität entsteht nicht, wenn man einfach Inhalte von einer Sprache in die andere übersetzt. Wir brauchen die ganze Palette von Storys, mit denen wir uns identifizieren können – Geschichten, die für ein multikulturelles Publikum intensiv über Ereignisse und Themen berichten, und Inhalte, die die junge Generation asiatischer Australier*innen zu neuen Traumberufen inspiriert: Parlamentsmitglied, Schulleiter*in oder z. B. Fernsehjournalist*in.

DEN KULTU-RELLEN BLICK ANPASSEN

Mit Blick auf sehr unterschiedliche Ansichten zum Thema Privatsphäre zwischen ihrem Heimatland China und ihrer neuen Heimat Deutschland erklärt die Journalistin **QIAN SUN**, wie wichtig das Verständnis des kulturellen Kontextes für eine faire Berichterstattung ist.

Ich bin in den 1980er-Jahren in China in der kleinen Stadt Taiyan in der Nähe von Peking aufgewachsen. Wenn ich das den Leuten hier erzähle – ich lebe jetzt in Deutschland –, füge ich immer hinzu, dass ich „chinesisch-klein" und „chinesisch-in-der-Nähe" meine. Tatsächlich hat Taiyuan vier Millionen Einwohner*innen und nach Peking sind es 600 Kilometer. Das sorgt jedes Mal für Gelächter. Berlin hat ungefähr gleich viele Einwohner*innen, Deutschland kommt an seiner breitesten Stelle auf 640 Kilometer. Es ist schon erstaunlich, wie unterschiedlich die gleichen Dinge werden, wenn man sie in verschiedene Zusammenhänge stellt, und das gilt auch für das Konzept der Privatsphäre.

Bis zu meinem zwölften Lebensjahr wohnte ich mit meinen Eltern in einer 15 Quadratmeter großen Einzimmerwohnung, und das war völlig normal. Unser Haus und die ganze Nachbarschaft gehörten zu der Einheit, in der meine Mutter arbeitete. Immobilien waren damals noch öffentliches Eigentum. Alle Nachbarn*innen waren gleichzeitig Kolleg*innen meiner Mutter, alle Familien kannten sich und kriegten nicht nur die erfreulichen Dinge voneinander mit. Wir hörten das Paar nebenan streiten oder ihr Baby weinen. Klar, dass es da nicht viel Privatsphäre gab, nicht nur in räumlicher Hinsicht, sondern auch in jeder anderen.

Für mich war das normal. Im China der 1980er-Jahre wuchsen die meisten Kinder in einer ähnlichen Umgebung auf. In einer vom Kollektiv bestimmten Gesellschaft hat das Wort Privatsphäre keinen schönen Klang: Schmutzige Affären und Sachen, für die man sich schämen sollte – das sind die Dinge, die man lieber für sich behält. Schon das chinesische Wort für Privatsphäre – „yinsi" – bedeutet „persönliche Dinge, die man verbergen will". Es ist auch nicht erstrebenswert, anders zu sein. Individualität wird nicht als Eigenschaft geschätzt oder gar als schützenswertes, grundlegendes Menschenrecht betrachtet, wie in anderen Teilen der Welt. In China ist damit die Abweichung von der Norm verbunden, häufig gilt Individualität als Egoismus, der die Bedürfnisse des Einen über die der Vielen stellt.

Als Kind gefiel mir diese Nähe zur Familie und den Nachbar*innen. Beim Abendessen konnte ich bei jeder Nachbarsfamilie aufkreuzen und mitessen, wenn es dort mein Lieblingsessen gab. Wenn sich meine Eltern stritten, versteckte ich mich im Zimmer von der Fengs. Ich weiß noch, dass ich manchmal dort geschlafen habe oder auch mal mit ihnen verreist bin, wenn meine Eltern arbeiten mussten. Dass ich als Einzelkind in so einer Gemeinschaft aufgewachsen bin, prägte mein Gefühl für Zugehörigkeit und für zwischenmenschliche Distanz.

Das Bedürfnis nach persönlichem Freiraum wurde mir erst an der Uni bewusst. Wir mussten wie viele Studierende in China auf dem Campus leben, „Sperrstunde" war um Mitternacht. Mein Zimmer im Wohnheim war auch 15 Quadratmeter groß, aber jetzt teilte ich es mir mit fünf anderen Mädchen und drei Stockbetten. Privatsphäre konnten wir nur mit einem Vorhang schaffen, mit dem wir das Bett in eine kleine Festung verwandelten. Er schützte die Geheimnisse, die wir in unseren ersten Jahren als Erwachsene für uns behalten wollten.

Hier gefiel mir die Intimität überhaupt nicht. Nur als Beispiel: Als Leichtschläferin störten mich die Geräusche meiner Mitbewohnerinnen, und wenn es spät wurde, musste ich ihnen ständig erzählen, wo ich her kam oder was ich gemacht hatte. Ich fragte mich immer wieder: Warum komme ich mit einer Situation, mit der die anderen anscheinend kein Problem haben, nicht klar?

Das beschäftigte mich oft und so lange, bis ich 2010 nach Deutschland zog und merkte, dass einem hier ein ganz anderer Grad an persönlichem Raum zugestanden wird.

Viele haben auf einer Chinareise wahrscheinlich unangenehme Situationen erlebt, wenn jemand beispielsweise neben dir steht und nicht merkt, dass er*sie Dir zu nahe kommt. Wildfremde fragen Dich, wie viel Geld du im Monat verdienst oder andere persönliche Dinge – als unhöflich gilt das nicht.

Ich weiß noch, dass die Ergebnisse von Klassenarbeiten, Noten und Rankings von der Mittelstufe bis zur Universität nie vertraulich behandelt wurden. Vor allem in der Oberstufe wurden die Listen immer ausgedruckt und an der Stirnwand des Klassenzimmers aufgehängt, sodass alle wussten, wer wo am besten und am schlechtesten abgeschnitten hatte. Wir sind damit aufgewachsen, dass es das Natürlichste der Welt ist, andere nach ihrem Einkommen, Alter oder Familienstand zu fragen.

Der Kontrast zu Deutschland und Europa ist wirklich groß. Zum Beispiel beim Bargeld: In China zahlt heute jeder übers Internet, in Deutschland kann man oft nicht einmal mit Kreditkarte bezahlen.

In Deutschland nervt es mich gelegentlich, dass ich mein Essen nicht bezahlen kann, weil selbst etablierte Restaurants keine Kreditkarten nehmen. Nach ein paar Jahren in Deutschland habe ich mich aber daran gewöhnt, immer Bargeld bei mir zu haben, bis ich 2015 wieder nach China kam.

Bei uns in China wird bei geselligen Treffen im Restaurant der Kampf um die Rechnung gepflegt. Alle schlagen sich darum, die Rechnung zu übernehmen, ich bin eigentlich gut darin. Nicht aber bei diesem Besuch, ich verlor fast jede Schlacht. Schuld daran war „WePay", die mobile Bezahlfunktion der chinesischen Nachrichten-App „WeChat", und „Alipay", eine andere App, die vom Technologieriesen Alibaba entwickelt wurde. Alle meine Freund*innen zückten einfach ihre Mobiltelefone, scannten am Tresen oder sogar am Tisch irgendeinen QR-Code und hatten schon bezahlt, bevor ich meine Brieftasche in der Hand hatte. Ich war total geplättet und schaute wahrscheinlich wie ein Muggel aus „Harry Potter" drein, den es nach Hogwarts verschlagen hat.

Auf der ganzen Reise war ich immer wieder erstaunt, wie sehr das Leben in China mit dem Mobiltelefon verbunden ist und wie sehr Apps den Alltag erleichtern. Man kann mit wenigen Klicks in derselben App Zug- und Flugtickets kaufen, Filme oder Essen bestellen oder die Strom- und Wasserrechnung bezahlen. Freund*innen und Familienmitglieder können sich gegenseitig mit der gleichen App problemlos Geld überweisen, und einige Internetunternehmen bezahlen auch ihre Freelancer*innen und gelegentlich auch ihre Mitarbeiter*innen über eine App. „WeChat" und „Alipay" sind zu einem wichtigen Bestandteil des Lebens geworden. Als ich wieder in Deutschland war, habe ich einmal vergessen, Bargeld abzuheben und musste über eine halbe Stunde lang nach einem Geldautomaten suchen. Wie umständlich, da sehnte ich mich nach China zurück. In einer wettbewerbsintensiven und effizienten Gesellschaft, in der Schnelligkeit eine Rolle spielt, zählt jede Sekunde, da ist es umso wichtiger, dass einem keine Steine in den Weg gelegt werden.

Die Aussage von Robin Li, dem CEO des Technologieunternehmens „Baidu", mag manch eine*n reizen, sie ist aber weitgehend wahr: „Ich denke, dass Chines*innen beim Thema Datenschutz offener und weniger sensibel sind. Wo es um den Tausch von Privatsphäre gegen mehr Komfort, Sicherheit und Effizienz geht, sind sie häufig dazu bereit."[73]

Die Zustimmung der chinesischen Öffentlichkeit erleichtert es den Technologieunternehmen – und auch dem Staat –, Daten zu sammeln und Technologien und Gesetze auf der Grundlage der Analyse und Verwendung von Daten zu entwickeln. Laut dem Bericht „Digital Consumer Insights 2018" des Informationsdienstleisters „Experian" gehören Chines*innen – wenn es um die Abwägung bei Konsumentscheidungen hinsichtlich Datenschutz, Datenqualität und Betrugssicherheit geht – zur Gruppe derjenigen, die höhere Werte bei der Nutzung digitaler Dienste oder mobiler Bezahlsysteme aufweisen und die den Zugewinn an Komfort besser bewerten. Wenn Chines*innen digital unterwegs sind, stimmen sie auch häufiger der Nutzung biometrischer Daten in kommerziellen Anwendungen zu.

Hier in Deutschland sieht das ganz anders aus. Laut einer Studie der „Harvard Business Review" vertrauen 86 Prozent der Deutschen ihrem Hausarzt personenbezogene Daten an, 73 Prozent geben Daten an ihre Sparkasse weiter, aber nur 27 Prozent vertrauen „Facebook".[74] Nach dem „Handelsblatt" und anderen Quellen zu diesem Thema liegen die Wurzeln der deutschen Angst vor einer möglichen Überwachung in der deutschen Vergangenheit.[75] Für uns Journalist*innen ist es wichtig, die kulturellen Unterschiede zu verstehen und zu begreifen, woher sie stammen. Destruktive Kritik, die nicht erklärt, warum bestimmte Dinge so sind, wie sie sind, kann Missverständnisse und Feindseligkeiten zwischen Ländern und Kulturen hervorrufen, insbesondere wenn es um aktuelle Themen mit konkreten Auswirkungen geht, wie z. B. Technologie.

Europäer*innen unternehmen große Anstrengungen, um den Schutz der Privatsphäre zu gewährleisten. Die Industrie warnt die Entscheidungsträger*innen sogar schon davor, dass diese „Überfürsorglichkeit" in Deutschland und Europa dafür sorgen könnte, beim Wettlauf um Künstliche Intelligenz und um das Big Data Business abgehängt zu werden.

Bundeskanzlerin Angela Merkel sagte einmal in einer Rede[76], dass sowohl die USA als auch China Lösungen gefunden haben, wie Daten im Internet kontrolliert werden – im ersten Fall konzentriert in den Händen der Technologieunternehmen, im zweiten Fall ist die Regierung die Kontrollinstanz. Datenzentralisierung verschafft einen großen Vorteil und die Europäer*innen müssen ihre eigenen Antworten finden, sonst können sie in Zukunft nicht mehr mitspielen. Wenn Deutsche und Europäer*innen ihre Werte und Systeme schützen wollen, müssen sie im Bereich der Internettechnologie relevant sein, denn in unserer heutigen Welt dient der Stand der Technologie – an den wirtschaftlicher Wohlstand gekoppelt ist – zur Legitimation der Richtung, in die die Entwicklung geht.

In das Thema Privatsphäre spielen viele Aspekte hinein – Geschichte, Kultur, Werte, wirtschaftliche Auswirkungen und Politik sind nur einige. Man muss schon tief in die Materie eintauchen, um zu verstehen, wie die Privatsphäre in einem bestimmten kulturellen Kontext wahrgenommen wird und wie sich diese Wahrnehmung auf die politischen Entscheidungen auswirkt. Man tappt schnell in die Falle, dem Rest der Welt die Standards aufzwingen zu wollen, die sich in einem bestimmten gesellschaftlichen Kontext entwickelt haben. Die technologische Entwicklung hat die ethnischen oder von Werten definierten Rahmenwerke längst überholt.

Es ist wichtig, sich die Dinge durch verschiedene Brillen anzuschauen. Niemand betrachtet die Welt mit bloßem Augen, und da es unvermeidlich ist, dass wir durch unseren Werdegang befangen sind, sollten wir zumindest wissen, welche Farbe unsere Brillengläser haben. Für Journalist*innen ist das Bewusstsein um die eigene Befangenheit umso wichtiger, weil wir dazu da sind, Brücken zwischen den Räumen zu bauen: Wir sind die Hör- und Sehhilfen der Öffentlichkeit.

DIE HALBE WELT WIRD STUMM-GESCHALTET

Für weibliche Journalisten geht es bei Belästigung und Missbrauch im Internet nicht allein um Sicherheit am Arbeitsplatz, sondern auch um Zensur, schreibt die kanadische Journalistin **MICHAELA CAVANAUGH.**

Not macht erfinderisch: Gut zehn Jahre ist es her, seit Michelle Ferrier, die damals bei einer US-Zeitung arbeitete, die ersten Hassbriefe bekam. Ferrier ist Afroamerikanerin und die Briefe, die sie bekam, waren rassistisch, brutal und unerbittlich. Die Belästigungen nahmen schließlich ein Ausmaß an, das sie um ihre Sicherheit fürchten ließ; sie sah sich gezwungen, ihren Job aufzugeben und am Ende sogar in einen anderen Bundesstaat zu ziehen. „Es bestand ein direkter Zusammenhang zwischen den Belästigungen und der Möglichkeit, meinen Lebensunterhalt weiterhin in dem Beruf zu verdienen, den ich mir gewählt hatte", sagt sie. „Die Belästigungen hatten nicht nur finanzielle, sondern auch emotionale Folgen – die Situation betraf nicht mich allein, sondern wirkte sich auch spürbar auf meine Familie und meine Kinder aus." 2014 gründete Ferrier „TrollBusters", eine Hilfsorganisation für Journalistinnen, die sich solchen Belästigungen ausgesetzt sahen.

Es ist immer dieselbe Geschichte: Frau sagt öffentlich ihre Meinung; Frau bekommt zu hören: „Geh wieder in die Küche" - oder Schlimmeres. Ferrier erlebte diese Belästigungen und Pöbeleien noch in ihrer „analogen" Form. Aber mit der Verbreitung des Internets nahmen Belästigungen, Einschüchterungen und Hass zu, weil der Zugang leichter und direkter ist, auch weil er koordiniert und anonym erfolgen kann. Belästigung und Missbrauch im Netz sind von Deepfakes – der Manipulation von Bildmaterial – zum Doxing – der Verbreitung privater Daten im Netz – effektive Methoden, Frauen zum Schweigen zu bringen und gleichsam die halbe Menschheit stumm zu schalten.

Ob „Gamergate" – einer Kampgane von 2014, in der Trolle auf „Reddit", „4Chan" und „Twitter" Frauen in der Videospielindustrie gezielt und koordiniert belästigten – über die Brexitbefürworter*innen, die im letzten Jahr britische Parlamentarierinnen systematisch mit misogynen Tiraden überzogen[77], bis schließlich zu Rukmini Callimachi, der preisgekrönten Korrespondentin der „New York Times", die von ISIS getrollt und wegen ihres Gewichts beleidigt wurde – jede Frau, die aus beruflichen Gründen im Internet präsent ist, kann aller Wahrscheinlichkeit nach eine ähnliche Geschichte erzählen.

Journalistische Arbeit findet immer öfter online statt, wir verbringen einen immer größeren Teil unseres Lebens in der digitalen Welt – und diese erweist sich für viele Menschen als eine feindselige Sphäre. „Amnesty International" untersuchte 2018 in einer Studie[78] 14 Millionen an 778 Journalistinnen und Politikerinnen gerichtete Tweets und kam dabei zu dem Ergebnis, dass 2017 alle 30 Sekunden eine Frau auf „Twitter" beleidigt wurde, wobei die Wahrscheinlicht belästigt zu werden für Schwarze Frauen und Women of Color um jeweils 84 Prozent und 34 Prozent höher lag als für weiße Frauen.

Tanya O'Carroll, die Direktorin von „Amnesty Tech", nennt die Sache beim Namen: Für sie bedeutet Online-Belästigung eine Form von Zensur: „Weil ‚Facebook', ‚Twitter' und andere Plattformen sich vor allem als Verfechter der Meinungsfreiheit darstellen, scheuen sie sich, Inhalte zu entfernen", sagt sie. „Sie reden über die zensorischen Aspekte des Löschens von Inhalten. Aber was ist mit der Zensur, die aus der gezielten Belästigung entsteht? Welche Folgen hat es für das Netz, wenn Frauen durch konzertierten Druck zum Schweigen gebracht werden? Wenn Frauen ihre Accounts stilllegen oder aufhören, bestimmte Inhalte, etwa politische Meinungen, zu teilen – das sind ebenfalls Folgen einer Zensur", sagt O'Carroll.

Aber wie sieht Online-Mobbing eigentlich genau aus? Es verhält sich damit ein bisschen wie in dem bekannten Spruch von der Pornografie, die wir erkennen, wenn wir sie sehen. Zur Belästigung gehört die noch relativ harmlose Aufmerksamheit sogenannter „reply guys", die auf alle Äußerungen einer Person im Netz aufdringlich familiär reagieren; die Beleidigungen und menschenverachtenden Reaktionen auf Kommentare; das Doxing, bei dem persönliche Informationen wie Telefonnummer und Adresse im Netz veröffentlicht werden; und sie reicht weiter von Erpressung (der Drohung, verfängliche Fotos, Videos oder Informationen ins Netz zu stellen), bis zu Drohungen mit Vergewaltigung und Mord, mit denen eine Person und/ oder ihre Familie eingeschüchtert werden soll. Und es sieht dabei nicht immer so aus, wie wir uns klassisches Trollen vorstellen.

Ein aktuelles und heimtückisches Beispiel gibt eine Gruppe hochrangiger französischer Journalisten, die gerade beurlaubt oder entlassen wurden, weil sie sich angeblich in einer geschlossenen „Facebook"-Gruppe getroffen hatten, um Kolleginnen im Netz zu mobben. Jahrelang hatte die „Ligue du LOL", wie sie sich nannten, Meme sexuellen Inhalts und manipulierte Fotos ihrer Opfer verbreitet. „Solche Aktionen kommen nicht aus den trüben Kreisen von ‚4Chan'," erklärt Rossalyn Warren, Journalistin und Autorin von „Targeted and Trolled" (Erfasst und getrollt).[79] „Ich kenne männliche Journalisten, die eigens einen Zweitaccount eingerichtet haben, um Kolleginnen, die sie nicht leiden können, anzugreifen."

Als Ferrier 2008 zum Ziel rassistischer Drohungen wurde, suchte sie Hilfe beim FBI, der CIA, dem US-Justizministerium und Berufsvertretungen von Journalist*innen. Sie musste feststellen, dass „sich niemand außer dem ‚Committee to Protect Journalists' mit dem Problem beschäftigte, wobei dieses sich vor allem um Journalist*innen in gefährlichen physischen Situationen kümmerte", sagt sie. Also gründete sie 2014 „TrollBusters", der Selbstbeschreibung nach eine „Online-Schädlingsbekämpfungsagentur für Journalist*innen". Bei „TrollBusters" finden Troll-Opfer alles unter einem Dach – von der ersten Hilfe beim Eindämmen der Beleidigungsflut über psychologische und juristische Beratung, Schulungen und Aufklärung, bis zu langfristigen Strategien für Politik und Gesetzgebung.

„Eigentlich sollte die Verantwortung, Frauen vor Belästigung im Netz zu schützen, bei den jeweiligen Plattformen liegen", findet O'Carroll. Als „Amnesty International" mit Jack Dorsey von „Twitter" über ihre Untersuchungen sprach, gab es keinen Widerspruch. „Sie haben das Ausmaß des Problems durchaus erkannt", sagt sie. Tatsächlich bietet „Twitter" Tools an, mit denen sich Frauen gegen Belästigung und Missbrauch absichern können – zum Beispiel die Mute-Funktion, erweiterte Qualitätsfilter, eine

Funktion zum Blockieren solcher Posts - aber sie sind nicht besonders benutzer*innenfreundlich und werden auch nicht wirksam angeboten. „Zur Zeit bleiben auch ganz offensichtlich und real missbräuchliche Inhalte noch oft monatelang auf ‚Twitter'", womit die Last, Missbrauch zu melden und sich darum zu kümmern, was aus diesen Meldungen wird, weiterhin bei den Frauen liegt.

Dass sich die Studie von „Amnesty International" auf „Twitter" konzentrierte, heißt nicht, dass die anderen Plattformen verantwortungsvoller mit dem Problem umgehen. Anas Modamani, ein in Deutschland lebender syrischer Geflüchteter, reichte 2017 eine Unterlassungsklage gegen „Facebook" ein, weil dort ein Selfie von ihm und Angela Merkel in Fake-Meldungen auftauchte, die ihn mit Terroranschlägen in Berlin und Brüssel in Verbindung brachten. Am Ende wurde die Klage abgewiesen. Auf Plattformen wie „Facebook" wuchern antimuslimische Hasstiraden[80], es gibt Websites, die gefälschte anti-muslimische Schlagzeilen verbreiten, aber auch Politiker*innen, die ihre islamophoben Ideen mit ihrer Gefolgschaft teilen. Dagegen gilt es mittlerweile als Hassrede, wenn jemand auf „Facebook" Männer als „Abschaum" oder „Pack" bezeichnet.[81]

Als ich „Twitter" um einen Kommentar bat, antwortete mir eine Sprecherin des Unternehmens, die mich in einer Art firmeninternem Äquivalent zum Freudschen Versprecher mit Michael anredete (ich heiße Michaela): „‚Twitter' ist eine offene Plattform, die ihre Benutzer*innen dazu ermutigt, sich frei zu äußern. Wir greifen jedoch ein, wenn dieses freie Verhalten die Grenze zur Beleidigung oder Belästigung überschreitet", schrieb sie. „Unser wichtigstes Anliegen besteht darin, die Qualität der Kommunikation auf ‚Twitter' ständig zu verbessern. Das ist uns wichtiger als der wirtschaftliche Gewinn."

Das entspricht indes nicht der Erfahrung, die O'Carroll in ihren „Amnesty"-Gesprächen mit „Twitter" machen musste. „Wir haben von ‚Twitter' eigentlich nur verlangt, die eigenen Geschäftsbedingungen besser umzusetzen, also schlicht mehr Moderator*innen einzustellen", sagt O'Carroll. „Damit sich Frauen auf ‚Twitter' sicher fühlen können, braucht es mehr Moderator*innen. Und wenn das nur auf Kosten des Profits geht, dann geht es eben auf Kosten des Profits."

Eine andere denkbare Lösung? Mehr Mitbestimmung von Frauen auf Entscheidungsebene hinter den Kulissen der Sozialen Medien. „Die Frage ist doch, wer darüber entscheidet, was anstößig ist und was nicht", sagt Rossalyn Warren. Auf „Instagram" werden zum Beispiel Fotos gelöscht, die Menstruationsblut zeigen, weibliche Brustwarzen[82] und Körper in Übergrößen, weil sie die Richtlinien der Community verletzen. Das vermittelt die Botschaft, Frauen müssten sich für ihre Körper schämen, sie seien anstößig und abstoßend.

Die ursprüngliche raison d'etre der Sozialen Medien bestand darin, Räume zu schaffen, in denen Menschen sich frei äußern konnten – als diese Räume entstanden, boten sie auch Frauen die Möglichkeit der freien Meinungsäußerung und zwar auf eine in der prä-Internetzeit kaum denkbare Art und Weise. Sie schufen zum Beispiel Foren für Bewegungen wie #MeToo, die den Sexismus in der Gesellschaft an den Pranger stellen. „Im Internet bündeln Frauen ihre Stimmen, sie können mit Nachdruck und Resonanz ‚genug ist genug' sagen. Wenn sie gezwungen werden, sich zurückzuziehen, beschädigt das die gesamte Gesellschaft. Ein eigentlich fortschrittlicher Diskurs wird abgewürgt," sagt O'Carroll. „Wir brauchen mutige Frauen, die sich dem andauernden, gezielten Missbrauch entgegenstellen, die online bleiben und ihre Meinung laut und stolz vertreten."

WAS KOMMT NACH #METOO?

Die ägyptische Journalistin **WAFAA ALBADRY** ist überzeugt, dass die allgegenwärtige Kultur der Gewalt gegen Frauen sich nicht ändern wird, wenn die Medienindustrie sich nur oberflächlich verändert.

Als Journalist*innen haben wir das Talent, mit Worten und Bedeutungen zu spielen, wenn die direkten Fakten unsere Leser*innen verletzen könnten. Wenn es aber darum geht, uns selbst zu kritisieren und die Machtdynamiken unserer Branche zu analysieren, veröffentlichen wir lieber provokante Meinungsartikel, die viel geklickt werden.

Als die #MeToo-Bewegung losging, haben Journalist*innen zwar darüber berichtet – und tun es noch immer – aber sie tun sich schwer damit aufzuarbeiten, wie katastrophal sich dieser systematische Missbrauch und Frauenhass auf die Vielfalt der Branche auswirkt. Wir dürfen nicht zulassen, dass unser journalistisches Handwerkszeug gegen uns eingesetzt wird. Wir müssen diejenigen schützen, die sich dafür entschieden haben, in der Medienbranche zu arbeiten – und nicht dafür, dort sexualisierte Gewalt überleben zu müssen. Um diese Menschen zu schützen und um versteckten Sexismus zu bekämpfen, müssen wir die Dinge beim Namen nennen.

An dieser Stelle möchte ich einige Begriffe erörtern, die in der #MeToo-Ära auch auf die Journalismusbranche zutreffen, um zu sehen, welche Macht Sprache und Definitionen haben.

Glass cliffing

Nachdem #MeToo auch die Journalismusbranche erreicht hatte, wurden sich einige Entscheidungsträger*innen des Geschlechtergefälles auch in ihren Unternehmen bewusst. Sie verstanden, dass man darauf als einen der Gründe für die Gewalt gegen Frauen in ihren Unternehmen hinweisen würde. Einige Firmen wollten den Anschein erwecken, diese Dynamiken zu verändern und ersetzten die beschuldigten Männer durch Frauen.

Laut einem Artikel der „New York Times" wurde fast die Hälfte der Männer, die wegen #MeToo-Fällen entlassen wurden, durch Frauen ersetzt.[83] Das mag auf den ersten Blick positiv wirken und den Eindruck erwecken, dass Unternehmen das Arbeitsklima für Frauen endlich verbesserten. Doch bei genauerem Hinsehen steckten einige dieser Unternehmen gerade nach #MeToo in einer Krise, oder die Stelle hatte einen schlechten Ruf, sodass die beförderten Frauen auf einer „Glasklippe" standen.

In einem Interview mit Emily Stewart von „Vox" erklärte die Psychologin Michelle Ryan, Namensgeberin des Begriffs, die Metapher beschreibe das „Phänomen, dass Frauen (und andere Minderheiten) mit größerer Wahrscheinlichkeit riskante und prekäre Führungspositionen einnehmen. (...) Das kann passieren, wenn ein Unternehmen sich einem Skandal gegenübersieht oder wenn die Position ein Risiko für das eigene Image darstellt."[84]

Die „Glasklippe" ist nicht nur für die Frauen gefährlich, die sich ihr stellen, sondern auch für die anderen, die in demselben Unternehmen oder in derselben Branche arbeiten. Denn wenn eine Frau versagt, ist sie selbst schuld daran. Wenn sie hingegen erfolgreich ist, dann ist es ein Erfolg des Unternehmens.

Gender-washing und Genderverrat

Frauenhass kommt nicht nur von Männern. Frauen können auch misogyn sein, auch Women of Color. Akte des Hasses kommen in allen Formen und Größen vor.

Wenn versteckte oder offene Aggressionen von Frauen kommen, sollten wir das als Geschlechterverrat (Gender-betrayal) bezeichnen. Einen solchen Fall gab es, als die berühmte französische Schauspielerin Catherine Deneuve 100 einflussreiche Frauen um sich versammelte und einen offenen Brief schrieb, in dem sie die #MeToo-Bewegung als Hexenjagd verurteilte. Ein weiteres Beispiel sind die 65 Frauen in der US-Fernsehindustrie, die ein Unterstützungsschreiben für den langjährigen „ABC"-Sprecher Tom Brokaw zirkulieren ließen, nachdem ihm eine ehemalige Kollegin unerwünschte sexuelle Avancen vorgeworfen hatte. (Solche Schreiben sind von einigen Medien wörtlich aufgegriffen worden, um Partei für Täter zu ergreifen, sobald eine Betroffene sexualisierter Gewalt sich zu Wort gemeldet hat.)

Solches Verhalten ist „Genderverrat". Nicht, weil Frauen andere Frauen blind unterstützen müssen, sondern weil man Frauen glaubt, solange sie die bestehende Machtstruktur unterstützen. Stellen sie diese infrage, gelten sie schnell als unglaubwürdige Störenfriede, die eine Situation auszunutzen, um sich berufliche Vorteile zu verschaffen. Eine Frau aber, die an die Macht kommt und das System stützt, wird nicht so gesehen, und Frauen, die solche Briefe und Schreiben unterzeichnen, glaubt man.

Um auf die französischen Medien und ihren #MeToo-Moment zurückzukommen, lassen Sie uns den Fall der sogenannten „Ligue du LOL" – „Facebook"-Gruppe analysieren, in der Hasskampagnen gegen Journalistinnen koordiniert wurden. Diese Gruppe männlicher Journalisten brach mit dem #MeToo-Stereotyp des alten, weißen Aggressors. Stattdessen waren es junge, gut ausgebildete Digitaljournalisten. Mit altbewährten macho-journalistischen Mitteln terrorisierten sie Frauen und Kolleginnen fast ein Jahrzehnt durch Cybermobbing und Belästigung. Einige der Journalistinnen erwogen, ihren Beruf aufzugeben. Hat dieser Fall eine der 100 französischen Frauen, die behaupteten, dass #MeToo eine Hexenjagd sei, dazu veranlasst, ihre Haltung zu überdenken?

Gender-washing könnte eine weitere Form des Genderverrats sein. Der Begriff bezeichnet, dass Frauen in Führungspositionen versetzt werden, um damit toxische Machtdynamiken zu vertuschen. Diese Methode haben Unternehmen gewählt, die nicht beschuldigt werden wollen, zu wenige Frauen in Führungspositionen vorweisen zu können. Also haben sie so schnell wie möglich Frauen angestellt – und deren Loyalität gegenüber der Machtdynamik war dabei oft die wichtigste Voraussetzung. Diese Marionettenfrauen spielen eine doppelte Rolle, als Filter für Beschwerden und als Tarnung für einen sexistischen Arbeitsplatz. So kamen sie meist mithilfe der alten Machtdynamiken zu ihren Positionen und verlassen sich nun darauf, dass sie und ihr Unterstützernetzwerk mächtig bleiben. Sie werden sich nicht bemühen, diese Dynamik zu ändern und werden nicht zögern, Betroffene und ihre Unterstützer*innen zu opfern, wenn es darum geht, den Status quo zu retten. So wie die Besetzung einer Führungsposition mit einer Person of Color benutzt wird, um eine ansonsten nicht-diverse Nachrichtenredaktion zu rechtfertigen, wird Gender-washing benutzt, um Frauenhass zu decken. Wenn die Unternehmen endlich fragen würden, „Was sollen wir Eurer Meinung nach tun?", dann würden wir antworten: „ÄNDERT DIE MACHTDYNAMIK, nicht die Machthabenden. Es geht nicht um Individuen."

„Mansblaming", „Womensblaming" und „Career Femicide"

Was passiert nach #MeToo mit den Betroffenen an ihrem Arbeitsplatz?

Ich kenne viele Geschichten. Sie erzählen von Belästigungen durch andere Kolleg*innen, von Ausgrenzung und vom Verlust jeglicher Hoffnung auf einen beruflichen Aufstieg. Oft haben Betroffene sexualisierter Gewalt überlegt, ihren Arbeitsplatz zu kündigen oder den Beruf ganz aufzugeben.

Ein Kollege erzählte mir, dass ein Mann in höherer Position ihm gesagt habe, er solle nicht mit einer der Betroffenen gemeinsam im Aufzug fahren. Man nennt sie nicht Whistleblowerinnen, sondern Unruhestifterinnen.

So werden Frauen, die sexuelle Belästigung am Arbeitsplatz anzeigen, laut einer 2018 in „The Economist" veröffentlichen Umfrage mit dem Titel „Mansblaming" wahrgenommen. Über 30 % der Männer und 30 % der Frauen stimmen folgender Aussage zu: „Frauen, die sich über sexuelle Belästigung beschweren, verursachen mehr Probleme, als sie lösen", wobei diese Zahl von 2017 auf 2018 anstieg.[85] Mit anderen Worten, in vielen Fällen wird den Frauen auch noch vorgeworfen, dass sie auf Belästigung hinweisen.

Wenn das den Druck beschreibt, dem Betroffene sexualisierter Gewalt im Umfeld ihrer Kolleg*innen ausgesetzt sind, wirft das die Frage auf, wie sie damit am Arbeitsplatz umgehen – vor allem, wenn sie mehrfach von Diskriminierung betroffen sind.

Diana Falzone zitiert in „Vanity Fair" ehemalige TV-Moderator*innen und Internetpersönlichkeiten, die sagen, sie seien eine Persona non grata, seit sie hochkarätige Prozesse gegen sexuelle Serienbelästiger angestrebt hätten. Frauen wurden inoffiziell auf schwarze Listen gesetzt. Im selben Artikel erwähnt die Autorin – die selbst zuvor ein großes Unternehmen wegen Diskriminierung verklagt hatte –, dass eine Frau ihr erzählte: „Dieselben Leute, die dir öffentlich applaudieren, wenn du Übergriffe anprangerst, würden Dich nie in ihrer eigenen Organisation einstellen. Du wirst für immer als Whistleblowerin und Unruhestifterin angesehen."[86] Mai Elshamy, eine ägyptische Journalistin, die sich über einen Journalisten mit Verbindungen zur Regierung beschwerte, sah sich danach mit Verleumdungen und Mobbing konfrontiert und wurde gekündigt.[87] Danach hatte sie Schwierigkeiten, eine neue Stelle zu finden und zum Zeitpunkt des Verfassens dieses Artikels ist sie seit fast einem Jahr arbeitslos.

Die systematische Zerstörung der Berufsaussichten von Frauen, die sich gegen Sexismus oder sexuelle Belästigung am Arbeitsplatz aussprechen, nenne ich „Career Femicide". Angesichts des schon bestehenden Prekariats in der Journalismusbranche bedeutet das für Kolleg*innen in unsicheren Lebensverhältnissen, für Journalist*innen of Color oder im Exil mitunter politischen Druck, Polarisierung, Gefängnis oder Tod. In solchen Fällen ist der Verlust der Karriere gleichbedeutend mit dem Verlust des Lebens.

#MeToo verändert die Dynamik der Medienbranche, aber die Geschichte eines #MeToo-Falls endet nicht damit, dass der Täter gefeuert wird. Es ist eine unvollendete Geschichte, die neue Kapitel aufschlägt und neue Begriffe und Definitionen erfordert. Die Gegner*innen dieser Bewegung setzen gerne Scham als Waffe ein. Sie behaupten „Das ist Krieg", um uns das Gefühl zu geben, wir seien anderen Journalist*innen gegenüber unsolidarisch oder stellten uns gegen professionelle Kameradschaft. Die Wahrheit aber lautet: hier geht es nicht um „wir gegen euch". Es geht um „uns gegen den Sexismus". Wenn Du Frauenhass verteidigst, dann bist Du gegen uns. Aber wir können auch gemeinsam kämpfen.

ABLEISM IM NEWSROOM

Redaktionen könnten davon profitieren, mehr Journalist*innen mit Behinderung zu beschäftigen, schreibt der brasilianische Journalist **CHARLES NISZ.**

Wir neigen zu dem Glauben, dass der Zugriff auf Nachrichten heute einfacher ist als je zuvor. Informationen sind anscheinend für jedermann, überall, jederzeit und in verschiedenen Formaten verfügbar. Dies gilt jedoch nicht, wenn Sie eine körperliche oder geistige Behinderung haben.

In Brasilien gibt es in den Redaktionen nur wenige Medienschaffende mit einer Beeinträchtigung. Dabei machen Menschen mit Behinderung rund 23 Prozent der brasilianischen Bevölkerung aus.[88] In den Redaktionen wird ihr Anteil mit relativer Sicherheit noch nicht einmal ein Prozent betragen. „Viele professionelle Journalist*innen glauben immer noch, dass Menschen mit Behinderung gar nicht den Wunsch oder die Bereitschaft verspüren, eine journalistische Ausbildung zu beginnen", sagt der Journalist Jairo Marques von „Folha de São Paulo", einer der größten Tageszeitungen des Landes.

Marques ist im Alltag auf einen Rollstuhl angewiesen. Da er als kleiner Junge Kinderlähmung hatte, ist auch die Beweglichkeit seines linken Armes eingeschränkt. Das hat ihn nicht daran gehindert, nach seinem Abschluss in Journalismus an der „Federal University of Mato Grosso do Sul" in Zentralbrasilien seit nun schon über zwei Jahrzehnten als professioneller Journalist zu arbeiten. „In meinem Jahrgang war ich der einzige behinderte Student", erinnert er sich.

„Die Grundfertigkeiten, die ein*e Journalist*in haben muss, nämlich schriftlich und mündlich gewandt zu sein, gelten in der Öffentlichkeit als komplexe Fähigkeiten", sagt Jairo. Er glaubt, dass dies eine der Erklärungen dafür sein könnte, warum es in der Branche so wenige behinderte Menschen gibt. Vermutlich wirke dieses in der Öffentlichkeit verbreitete Bild von vornherein einschüchternd und halte viele davon ab, diesen Beruf zu ergreifen.

Das Gebäude, in dem Jairo arbeitet, ist nicht barrierefrei. Er lebt heute in São Paulo, das für den Zustand seiner Straßen und Gehwege berüchtigt ist. Für ihn ist das eine Herausforderung, aber nichts Neues: „In meiner Heimatstadt gab es keine asphaltierten Straßen, sie waren aus Sand, und ich bin ständig mit dem Rollstuhl steckengeblieben."

Im Jahr 2003 berichtete Jairo von einer Telekommunikationsmesse in Florianópolis im Süden Brasiliens, für ihn seine bislang größte berufliche Herausforderung. Die Stadt war 53 Stunden lang ohne Strom. „Kein Strom bedeutete, dass die Aufzüge, auf die Behinderte angewiesen sind, nicht funktionierten; ich war ständig auf fremde Hilfe angewiesen."

Hinzu kommt, dass Behinderte oft nicht als Profis wahrgenommen werden. Jairo hat Situationen erlebt, in denen Behörden oder Befragte einfach nicht glaubten, dass er für die „Folha de São Paulo" arbeitete. „Das passiert ziemlich häufig", stellt er fest.

Jairo ist eigentlich kein Aktivist für Behindertenrechte, plädiert er für mehr Inklusion: „Bei so vielen Behinderten im Land wäre doch eine stärkere Präsenz in den brasilianischen Redaktionen zu erwarten. Ein guter erster Schritt wäre mehr Inklusion in der Ausbildung zur Journalist*in."

Es gibt keine Statistiken über die Präsenz von Menschen mit Behinderung in lateinamerikanischen Nachrichtenredaktionen. „Und es fehlen generell Informationen über Behinderte in journalistischen Berufen", berichtet Jairo. Für ihn kann der Journalismus durch Inklusion nur profitieren, weil dadurch das Spektrum an professionellen Medienschaffenden erweitert werde. In der Regel würden Menschen mit Behinderung als weniger kompetent und leistungsfähig eingestuft. „Blindheit wird z.B. manchmal mit der Unfähigkeit assoziiert, eigene Gedanken zu formulieren, aber blinde Menschen sind ganz im Gegenteil kreativ und fantasievoll; Gehörlosigkeit wird mit dem Stereotyp der sozialen Inkompetenz assoziiert, dabei haben gehörlose Menschen in der Regel eine hohe Konzentrationsfähigkeit; mit Bewegungsbehinderungen wird die Schwierigkeit verbunden, an einer Story dran zu bleiben und in der Lage zu sein, Fakten zu checken. Menschen im Rollstuhl sind aber eigentlich sehr umsichtig", erklärt Jairo. Mit anderen Worten, Menschen mit Behinderung verfügen über Fähigkeiten, die im journalistischen Kontext überaus nützlich sein können.

Fortbewegung

Leonardo Feder, ebenfalls Journalist im Rollstuhl, erinnert sich noch an seinen ersten Tag an der „Communication School" der Universität São Paulo – der renommiertesten Universität des Landes. „Die Veranstaltung zur Begrüßung der neuen Student*innen im Jahr 2003 fand im zweiten Stock eines Universitätsgebäudes statt. Es gab keinen Aufzug, und einige Freiwillige haben mich mit meinem Rollstuhl nach oben getragen, selbst im Seminarraum gab es ein paar Stufen. Während des Unterrichts musste ich auf die Toilette, und die war im Erdgeschoss. Ich musste wieder getragen werden. Jede Ortsveränderung war ein Problem, daher war mein erster Tag an der Uni ziemlich entmutigend, sodass ich überlegte, das Studium abzubrechen."

Wenn Sie behindert sind, haben Sie oft das Problem, eine geeignete Toilette zu finden. An der „Communication School" wurden erst nach 2005 barrierefreie Toiletten installiert – nachdem Leonardo und seine Familie gegen die Institution geklagt hatten.

Außerdem gab es an der Universität keine Parkplätze für behinderte Student*innen. „Meine Eltern mussten mir beim Ein- und Aussteigen helfen; ich fiel sogar einmal auf den Boden, schuld daran war der Gehweg, auf den ich bugsiert werden musste." Sein damaliger Rollstuhl wog rund 70 Kilogramm.

Trotz dieser Herausforderungen absolvierte Leonardo 2008 sein Volontariat bei „Folha de São Paulo". Im folgenden Jahr bekam er dort einen Job, er war für den städtischen Verkehr und die Wetterberichte zuständig. Irgendwann war Leonardo auch in der Jury für einen wichtigen Journalist*innenpreis, den die Zeitung verleiht.

Die Hauptschwierigkeit bestand für ihn darin, öffentliche Verkehrsmittel zu benutzen; São Paulo ist auch heute noch kein freundlicher Ort für Menschen mit körperlicher Behinderung. „Um zur Arbeit zu kommen, musste ich einen privaten Transportdienst bezahlen, der barrierefreie Fahrzeuge hatte. Ich traute mich aber nicht, meinen Vorgesetzten um Kostenerstattung zu bitten, bevor ich dort etabliert war." Das Geld, das Leonardo für diesen Dienst ausgeben musste, verschlang einen Großteil seines damaligen Monatsgehalts.

„Für Jouranlist*innen mit körperlicher Behinderung wäre ein besserer Zugang zu öffentlichen Verkehrsmitteln ein großer Fortschritt, so sitzen wir in den Redaktionen fest", sagt Leonardo. Auch die Anschaffung zusätzlicher technischer Hilfen könnte auf die Tagesordnung; Leonardo kann z.B. aufgrund seiner Behinderung kein standardisiertes Telefon halten.

Nach ein paar Jahren entschied sich Leonardo dann für einen anderen Beruf. Er arbeitet jetzt in der Wissenschaft – und von zu Hause aus. Der Beruf als Journalist hatte für ihn schließlich seinen Reiz verloren.

Vermittelbarkeit

Die Journalistin Patrícia Passarelli arbeitet als Pressesprecherin und Korrektorin. Als Neugeborene wurde bei ihr eine zerebrale Lähmung festgestellt. Bis heute ist ihre Diagnose jedoch nicht eindeutig – ihr Gehirn weist keine typischen Schädigungen auf. Aber die Symptome begleiten sie seit ihrer Kindheit. Sie benötigt beim Gehen Unterstützung durch einen Stock oder ein Gehgestell, und sie hat Schwierigkeiten mit der Artikulation.

Ihr zufolge ist die Fortbewegung im öffentlichen Raum immer noch ein Problem. „Einige Aufgaben können aus der Ferne erledigt werden, aber manche Unternehmen legen Wert auf Anwesenheit", sagt sie. „Da ich kein Auto besitze und in einer Gegend lebe, die nicht mit öffentlichen Verkehrsmitteln erreichbar ist, sind meine beruflichen Möglichkeiten sehr begrenzt. Behinderte Menschen werden beim Kauf von Privatfahrzeugen finanziell unterstützt, aber nicht jede*r kann sich ein Auto leisten. Es sollte mehr in Home Office-Arbeitsplätze investiert werden."

Patrícia hat festgestellt, dass brasilianische Unternehmen und Institutionen aufgrund der Gesetzgebung zwar einen gewissen Prozentsatz behinderter Arbeitnehmer*innen einstellen – aber normalerweise handelt es sich dabei um Stellen für Geringqualifizierte. Sobald diese Stellen besetzt sind, haben die Arbeitgeber*innen kein Interesse mehr daran, höher qualifizierte Menschen mit Behinderung zu beschäftigen.

Im Bildungsbereich profitieren Menschen mit Behinderung auch von der Quotenpolitik, aber nur an den Universitäten – in regulären Grundschulen findet Inklusion nicht statt. Patrícia ist überzeugt davon, dass viele Menschen mit Behinderung von der Einführung eines guten Fernunterrichts profitieren könnten.

Menschen mit Behinderung können einen substanziellen Beitrag zum Journalismus in Brasilien leisten. Eine im Jahr 2010 vom „Brazilian Institute of Geography and Statistics" (IBGE)[89] durchgeführte Volkszählung ergab, dass 23 Prozent der brasilianischen Bevölkerung (45 Millionen Menschen) eine Form von Behinderung aufweisen. Darunter sind 27 Millionen Menschen im erwerbsfähigen Alter – aber nur 323.000, grob ein Prozent, sind tatsächlich berufstätig.

MEIN KÖRPER, MEIN PASS

Die Investigativjournalistin **RANDRIANARISOA RIANA RAYMONDE** aus Madagaskar begibt sich für Reportagen oft in Gefahr. Das gehört zu ihrem Beruf. Andere Risiken kommen einfach obendrauf: ihre Diskriminierung als Frau zum Beispiel.

Seit 19 Jahren arbeite ich als Journalistin in Madagaskar, einem Land, in dem es nicht sonderlich gut bestellt ist um die Pressefreiheit. Das sind knapp zwei Jahrzehnte im Dienste am öffentlichen Wohl meiner Landsleute und meines Landes. Mit meiner Arbeit setze ich mich vor allem dafür ein, dass mehr gegen die Korruption im Land unternommen wird. Eine Sache, die mir mehr am Herzen liegt als alles andere.

Meinen Beruf übe ich also nicht nur aus, weil ich ihn für meine Pflicht halte, sondern auch aus Leidenschaft. Aber er bringt mich immer wieder in große Schwierigkeiten. Das fängt bei den Gefahren für meine körperliche Unversehrtheit an. Oder anders ausgedrückt: Manchmal muss ich um mein Leben fürchten. 2010 zum Beispiel, als ich an einer Reportage über das militärische Vorgehen von Armee und Polizei gegen Viehdieb*innen in Amboasary, einer kleinen Ortschaft an der Südküste Madagaskars, arbeitete. Um seiner Forderung, ich habe auf der Stelle von dort zu verschwinden, Nachdruck zu verleihen, hielt ein General mir den Gewehrlauf vors Gesicht. Außerdem verschaffte er sich so Gelegenheit, sich ungestört auf meinem Computer nach Beweisen für Fehlverhalten von Soldaten umzuschauen. „Du verschwindest hier, ist das klar? Wer hier reinkommt, das entscheiden wir. Und Esira (wo das Militär stationiert war), kannst Du gleich vergessen, ich sorge dafür, dass Dich da keiner reinlässt", brüllte der General, der später Generalkommandant im Westen Madagaskars wurde, mich an. Die Sache hätte schlimm ausgehen können, wäre nicht einer seiner Kollegen dazwischen gegangen.

Solche Vorfälle sind keine Seltenheit. Sie zeigen, dass auch Frauen in diesem Beruf von Gefahren nicht verschont bleiben. Denn es erwies sich als absolut unmöglich, Amboasary zu verlassen, kein Hotel weit und breit in der gesamten Gegend hatte auch nur ein einziges Zimmer frei. Alles ausgebucht von den Soldaten vor Ort. Um dafür zu sorgen, dass ich am Leben blieb und um etwas Ruhe in die Situation zu bringen, arrangierte ich gegen 22:00 Uhr ein Treffen mit dem Mann, der mich wenige Stunden zuvor um ein Haar erschossen hätte. Die Strategie ging auf, dank meiner weiblichen Erfahrung im psychologischen Umgang mit einem Offizier, der unter Druck weit weg von seiner Familie arbeitet.

Das Gespräch mit ihm machte mir klar, dass ich mich auf ein Minenfeld begeben hatte, was für alle Journalist*innen Gefahren mit sich bringt, aber vor allem für die alleinstehenden weiblichen unter ihnen, zu denen ich gehöre. Aber ich habe daraus eine Lektion gezogen: Ich weiß jetzt, dass zu den Qualifikationen einer guten Journalistin auch die Fähigkeit gehört, eine Situation zu ihren Gunsten zu drehen, ohne ihre moralischen Werte zu verraten, und vor allem, dass Flexibilität in allen Situationen erforderlich ist.

Es war nicht die erste Hürde, auf die ich während meines Berufslebens gestoßen bin. Als junge Journalistin am Anfang meiner Laufbahn verdiente ich nicht viel mehr als eine Hausangestellte, auch wenn ich Qualifikationen und Fähigkeiten vorzuweisen hatte. Für Zeitungsverleger*innen und Chefredakteur*innen galten wir Anfänger*innen nicht viel. Ich hatte sehr viel für den Zeitungsverlag getan, bei dem ich arbeitete, aber trotzdem weigerte sich mein Chefredakteur 2013, mir ein Praktikum oder eine Fortbildung zu genehmigen, mit denen ich meine Verdienstchancen hätte verbessern können: „Wer soll denn dann Deine Arbeit hier machen?", lautete seine Begründung. Andere aber, die einen besseren Draht zu ihm hatten, kamen ohne Probleme in den Genuss solcher Vorteile.

Sicherheit und Gesundheit

Reporter*innen arbeiten bei uns meist ohne über ihre Arbeitgeber*innen versichert zu sein. Ich war als Berichterstatterin bei mehreren Großdemonstrationen, bei denen es auch zu gewaltsamen Zusammenstößen mit den Sicherheitskräften und sogar zu Todesfällen kam, aber eine Lebensversicherung hatte ich nicht. Der Wert von Journalist*innen besteht aus Sicht der Zeitungsverlage darin, dass sie Gewinn generieren, als Menschen spielen sie meiner Erfahrung nach nicht die geringste Rolle. Bei gefährlichen Einsätzen kann ich nur beten, dass alles gutgeht. Weil mir das nicht sicher genug erscheint, habe ich dafür gesorgt, verlässliche Kontakte in Polizei und Militär aufzubauen. Es gab Zeiten, da haben wir uns auf Einsätze bei Großdemonstrationen vorbereitet, indem wir ein Training im geschlossenen Raum mit Tränengas durchgeführt haben. Diese Trainings sind für den Beruf unerlässlich und sehr wirkungsvoll, aber sie haben gesundheitliche Folgen. Das bekomme ich noch heute zu spüren, denn ich leide gelegentlich unter Atembeschwerden und immer unter Allergien. Für den Erfolg, von dem wir Journalist*innen alle träumen, musste ich also sogar die Unversehrtheit meines Körper opfern.

Deswegen habe ich nur eine Forderung: dass meine Vorgesetzten und männlichen Kollegen in den Medien der Diskriminierung von Frauen endlich ein Ende setzen!

Im September nächsten Jahres jährt sich mein berufliches Leben als Journalistin zum 19. Mal; es ist außerdem mein neunter Jahrestag als investigative Journalistin.

Ich blicke auf einen bemerkenswerten beruflichen Werdegang zurück, voller Abenteuer, Preise und Auszeichnungen. Mit meinen Texten erreiche ich eine immer größere Leserschaft, meine Angestellten bei „Mada24.net" freuen sich über unsere große Resonanz, und immer mehr Partner*innen sind bereit, unsere Reportagen zu finanzieren. Ein Ende des Erfolgs ist nicht in Sicht.

Und doch ist er inzwischen zu Gift geworden, für mein eigenes Leben und das meiner Familie. Erst recht, seitdem ich begonnen habe, als „Undercover"-Journalistin zu arbeiten. Das ist eine Recherchemethode im Kampf gegen Korruption und Wirtschaftskriminalität, die sehr effektiv, aber auch sehr gefährlich ist. Meine Mutter und meine Kinder beschweren sich oft: „Wir fürchten um dein Leben."

Schattenteam

Ich lebe inzwischen in ständiger Angst. Sie bestimmt mein gesamtes Verhalten. Ich kann nicht mehr durchschlafen und muss aus Sicherheitsgründen zeitweise sogar in der Hauptstadt zwischen verschiedenen „Zufluchtsorten" hin und her wechseln. Das Misstrauen ist zur Gewohnheit geworden und wirkt sich auf meine Beziehungen zu anderen Menschen aus.

Glücklicherweise habe ich mit meinen Mitarbeiter*innen ein sogenanntes Schattenteam eingerichtet, um die Situation zu verbessern. Es besteht aus Fachleuten, die mich bei meinen Einsätzen unterstützen, darunter Mitglieder der Streitkräfte und der Justiz, aus Polizei, Kirche und Geheimdienst, sowie ganz normale Bürger*innen. Sie unterstützen mich bei den Ermittlungen und sorgen dafür, dass die Dinge, über die ich schreiben will, auch wirklich ans Licht kommen. Es ist ein Team aus Menschen, die sich am Kampf gegen die Korruption beteiligen wollen, aber aufgrund ihres beruflichen Status im Hintergrund bleiben müssen.

Die Gründung dieses Schattenteams ist ein Schlüssel zum Erfolg unserer Redaktion. Ohne dieses Netzwerk wäre unsere Arbeit nicht zu leisten. Im Jahr 2018 veröffentlichten wir zusammen mit einer Schweizer Organisation einen Artikel über Edelholzhandel in Madagaskar, woraufhin mir korrupte Händler*innen drohten, uns zum Schweigen zu bringen. Davon erfuhr ich nicht persönlich, sondern über meine Informant*innen bei der Polizei. Sie sorgten dafür, dass ich Begleitschutz erhalte und Rechtsbeistand, sollte es tatsächlich zu einem Prozess kommen.

In diesem Fall schien Angriff die beste Verteidigung; unser Netzwerk suchte nach weiteren Beweisen für die Beteiligung dieser Holzhändler*innen an schmutzigen Geschäften. Jetzt haben wir die Beweise zusammen und Anklage gegen die Betreffenden erhoben; ob es zum Prozess kommt, liegt in den Händen der staatlichen Behörden.

Im Februar 2019 ordnete die Regierung die Verhaftung der mutmaßlichen Nummer eins unter den Palisanderhändler*innen Madagaskars an. Er befindet sich augenblicklich in Untersuchungshaft im Kraftwerk Tsiafahy in Antananarivo. Ich habe in meinen Reportagen darauf gedrungen, dass es im Interesse der Regierung liegt, das Gesetze durchzusetzen und Haftstrafen zu verhängen. Zwar wird sich mit der Inhaftierung der Verantwortlichen nichts an den Drohungen ändern, die weiterhin gegen mich ausgesprochen werden, aber immerhin habe ich das Gefühl, etwas für mein Land getan zu haben.

Seit 2009 arbeite ich als investigative Journalistin. Ich sehe, dass meine Arbeit nicht umsonst ist. Sie hat gesellschaftliche Veränderungen in Gang gesetzt, Schuldige vor Gericht gebracht und die Leser*innenschaft begeistert. Trotzdem hat mein Erfolg einen bitteren Beigeschmack. Ich bezahle ihn mit meiner persönlichen Freiheit. Soll ich deswegen das Handtuch werfen? Nein! Denn das würde auch bedeuten, dass die Menschen ihre Stimme verlieren, die in meinen Reportagen im Mittelpunkt stehen und für die sich sonst niemand einsetzt.

Sagen wir es so: Es gibt sicher entspanntere Formen, sein Leben zu verbringen, als ausgerechnet Investigativjournalistin zu werden. Es ist ein Leben voller Opfer, Hürden und Erniedrigung. Aber es ist auch ein Leben mit Sinn.

SCHLIESST DEN „MENSCHENZOO“

PURPLE ROMERO findet, es ist längst an der Zeit, die mediale Berichterstattung über Philippiner*innen von alten Klischees zu befreien.

Sie haben noch nie von Menschenzoos gehört? So hießen völkerkundliche Ausstellungen, die sich in den westlichen Industrieländern Ende des 19., Anfang des 20. Jahrhunderts großer Beliebtheit erfreuten. Auf Jahrmärkten, Volksfesten, in Zoos, Varietés und im Zirkus wurden Angehörige fremder, angeblich „primitiver" Völker in möglichst naturgetreuer Kulisse dem Publikum vorgeführt.[90] Bei der Weltausstellung in St. Louis von 1904 wurden unter anderem philippinische Igorot auf Coney Island „ausgestellt". Die Männer in Lendenschurz führten Tänze und Kämpfe vor und verzehrten Hundefleisch – ein exotisches Spektakel, an dem sich die einheimische Bevölkerung schier nicht sattzusehen vermochte.

Durch gründliche Recherche fand die Journalistin Clair Prentice heraus, dass viele der exotisch anmutenden Rituale der Igorot-Männer tatsächlich nichts anderes waren als Hirngespinste des Amerikaners Dr. Truman Hunt, der die Hochlandbewohner*innen gekauft und zur Weltausstellung nach Amerika verfrachtet hatte – um sie dort als „Wilde" zu inszenieren und frei erfundene Riten präsentieren zu lassen, wozu auch ein angeblicher ritueller Kampf zwischen den Stammesmitgliedern und den weißen Bewohnern*innen von Coney Island gehörte sowie der angebliche „Diebstahl" seines Hundes durch die „Hundefresser".[91]

Die Menschenzoos gehören inzwischen der Vergangenheit an. Aber an falschen Eindrücken, Bildern und Ansichten herrscht bis auf den heutigen Tag kein Mangel. Das erfahren die Millionen von Philippiner*innen[92], die aus den unterschiedlichsten wirtschaftlichen, sozialen oder politischen Gründen ihr Land verlassen haben, wo auch immer sie auf der Welt leben.

Ins Klischee passen oder ignoriert werden: Phillipiner*innen kommen in zwei Varianten vor – eingezwängt in das Korsett eines Klischees oder gar nicht. Ein kurzer historischer Überblick über die gängigen Stereotypisierung lautet: „Dienstmädchen" in Europa, dem Nahen Osten und Asien; „aus dem Katalog bestellte Ehefrau" in den USA, Australien, Neuseeland; „Trostfrauen" in Japan und Korea,[93] Kriminelle[94] oder Terrorist*innen.[95]

Passen sie nicht in eine dieser Schubladen, dann passen sie auch nicht in den Diskurs. Nach Untersuchungen des philippinischstämmigen Wissenschaftlers E.J.R. David kommen in den amerikanischen Mainstream-Medien asiatische, aus den Philippinen eingewanderte Amerikaner*innen kaum zu Wort - ihm zufolge ein Beleg für ihre weiterhin anhaltende „Verbannung".[96]

Natürlich gibt es Ausnahmen. Immer mal wieder wird in der Presse auch von Philipinner*innen ohne die üblichen negativen Klischees berichtet. Allerdings handelt es sich dabei meist um Einzelpersonen, die es zu Ruhm und Ehren gebracht haben, etwa im Sport, in der Unterhaltungsindustrie, in der Gastronomie oder um zu Geld gekommene, äußerst erfolgreiche Geschäftsleute. Entsprechend finden sich solche Artikel eher in den Sparten Porträt, Aktuelles oder Promi-Berichterstattung, wo sich individuelle Erfolgsstorys gut unterbringen lassen.

Auch darin zeigt sich also kein repräsentatives Bild, mit dem sich die große Mehrheit der – vor allem in den USA lebenden – Philippiner*innen identifizieren könnte.

Über diese die große Mehrheit ausmachende und unsichtbar bleibende Community schreibt Anthony Ocampo, Soziologe an der „California State Polytechnic University-Pomona":[97]

*„Es gibt knapp 3,5 Millionen philippinischstämmige Amerikaner*innen, die zweitgrößte Gruppe hinter den chinesischen Einwander*innen. Es gibt doppelt so viele Philippiner*innen als Einwander*innen aus Japan, Korea oder Vietnam. Rein statistisch müssten Philippiner*innen also regelmäßig in der Berichterstattung über asiatische Amerikaner*innen*

*vorkommen. In 1.126 unter dem Thema ‚Asian American' archivierten Artikeln der ‚New York Times', finden sich jedoch nur 6 Prozent, in denen Philippiner*innen erwähnt werden (und dabei häufig auch nur der Begriff). Man könnte einwenden, dass dies eine rein geografische Frage ist – mehr Philippiner*innen wohnen an der Westküste als in New York. Aber auch in Kalifornien, wo die Philippiner*innen die größte asiatisch-amerikanische Gruppe bilden, ergibt sich bei Durchsicht der Presse dasselbe Muster."*

Ein anderes Bild: Durch investigative Recherchen fand Prentice heraus, dass die Realität der und das fabrizierte Bild von den Igorots nicht viel miteinander zu tun hatten. In jüngerer Vergangenheit stellte der für seine Reportagen im Langformat bekannte „Economist" unter der Überschrift „Unsung Filipino seafarers power the global economy" heraus, dass die Philippiner*innen der Motor für Wachstum und Fortschritt in der Weltwirtschaft sind.

Klischees können also ins Bröckeln geraten. Im Zeitalter von „Instagram", „Facebook" und „Twitter" sind dafür nicht einmal mehr große Reportagen und investigative Recherchen erforderlich. Heute können Philippiner*innen dazu übergehen, ihre Geschichte selbst zu erzählen.

Beispiele dafür sind bereits vorhanden: Seit Sommer 2010 arbeitet der Fotograf Brandon Stanton an einem fotografischen Porträt von New Yorker*innen. Aus den daraus entstandenen Fotos und Interviews wurde der Blog „Humans of New York", in dem die Porträtierten ihre Erfahrungen im Unterschied zur klassischen Reportage in eigenen Worten schildern.

Dort finden sich die unterschiedlichsten Lebensgeschichten. 2014 berichtete ein Philippiner, wie er seine heutige Freundin am Flughafen kennenlernte. 2018 erzählte ein Matrose, wie er vor der Küste Südafrikas vom Tod seiner Mutter erfuhr.

Diese Beispiele zeigen, wie interessant „Normalität" sein kann. Die philippinischen Migrant*innen, die in Stantons Projekt zu Wort kommen, hätten für die Mainstream-Medien keinen Nachrichtenwert gehabt, schließlich handelt es sich nicht um Promis. Und doch bilden sie das Herzstück dieser neuen Erzählformen und Genres, die außer der Prominenz auch noch einen anderen Wert der traditionellen Medien überschreiten, den der Nähe. Denn weil sie verlinkt, geteilt und weitergepostet werden, erreichen diese kleinen Geschichten aus New York ein Publikum in der ganzen Welt.

Ein weiteres sehr instruktives Erzählformat sind Infografiken, die die Geschichte der migarantischen Philippiner*innen in verständlicher Form aufbereiten und einen Blick auf das Gesamtbild ermöglichen. Visuelle, prägnant zusammengefasste Informationen erfreuen sich bei Publikum und Leserschaft ohnehin immer größerer Beliebtheit. Infografiken, in denen statistische Daten leicht verständlich aufbereitet werden, ermöglichen einen allgemeinverständlichen und leicht zugänglichen Überblick, etwa darüber, wie viele Philippiner*innen in einer Stadt leben, in Krankenhäusern arbeiten, in Schulen unterrichten oder für Recht und Sicherheit zuständig sind. Auch das könnte den 3,5 Millionen „zur Unsichtbarkeit verdammten" Philippiner*innen in den USA zu großer Sichtbarkeit verhelfen.

Im Laufe seiner Entwicklung hat der Journalismus also genügend Werkzeuge entwickelt, mit denen sich Diversität, Authentizität und Detailreichtum in der Berichterstattung gewährleisten lassen. Diese Werkzeuge eignen sich, wenn sie mit Sachverstand benutzt werden, sehr gut dazu, den Menschenzoo auf immer zu schließen und stattdessen Herz und Verstand zu öffnen, um die Philippiner*innen in anderem Licht zu sehen – oder sie, womit auch schon allerhand erreicht wäre – überhaupt zu sehen.

360° INKLUSION

Vielfältige Teams sind bei immersivem Storytelling essentiell für die Gesamterfahrung, schreibt die indische Journalistin **LAKSHMI SARAH.**

Manchmal erkennt man nur schwer, welche Rolle unsere Unterschiede und Perspektiven bei der Entwicklung einer immersiven Geschichte spielen - das weiß ich durch meine Erfahrung in der Zusammenarbeit mit unterschiedlichsten Teams an unterschiedlichsten Projekten, geschrieben, Texten, Videos oder immersiven Arbeiten. In den immersiven und neu entstehenden Medienräumen ist es wichtig, Geschichten anzubieten, die einem breiten Publikum zugänglich sind und die von einem breiten Team aus Produzent*innen erstellt wurden.

Dieser Artikel stellt immersive Projekte vor, die nur durch Teams aus vielfältigen Entwickler*innen möglich wurden. Mit immersiven Medien meine ich hier im weitesten Sinne „jedes Stück, in dem sich der*die Betrachter*in fühlen kann, als ob er*sie sich innerhalb der Geschichte umsieht (oder umhört) – als ob er*sie in einer Umgebung steht oder die Geschichte seine*ihre Welt überlagert."[98] Die drei Arbeiten, die ich betrachten möchte, sind ein 360°-Videoprojekt mit dem Titel „Here", das gerade produziert wird, ein weiteres namens „The Occupation of Alcatraz that sparked an American Revolution", das 2017 fertiggestellt wurde, sowie ein Augmented-Reality-Projekt „Terminal 3", das 2018 Premiere feierte.

Eine Phase, in der verschiedene Teams an einem Projekt zusammenarbeiten können, ist der Prozess der Story-Entwicklung und der immersiven Umsetzung. Teams mit einer großen Vielfalt an Fähigkeiten in den Bereichen Audio, Video, Informatik, Programmieren und Dramaturgie sind in der Lage, alle erforderlichen Elemente eines immersiven Erlebnisses zu erschaffen. Auf dem Weg dorthin entstehen zwangsläufig Probleme. Forscher*innen an der University of Michigan haben herausgefunden, dass vielfältige Gruppen besser in der Lage sind, Probleme zu lösen, als ein „homogeneres Team mit stärkeren objektiven Fähigkeiten", erklärt Greg Satell in einem Artikel im „Inc. Magazine".[99] Aber es bleibt schwierig, die unterschiedlichen Denkweisen von Menschen zu messen. In der Zeitschrift „Digitalist Magazine" schreibt Marita Mitschein: „Obwohl es einfach ist, Genderdiversität zu messen, indem man den Anteil der Frauen in der Belegschaft zählt, kann man die Vielfalt des Denkens nicht mit Zahlen und Statistiken messen. Dadurch wird es auch schwieriger, sie aktiv herzustellen oder zu erhalten."[100] Das Messen von Vielfalt und Inklusion scheint unmöglich, ist aber äußert wichtig: denn die Perspektive, in der ein*e Journalist*in berichtet, muss im Team repräsentiert sein.

Viele immersive Geschichten verlassen sich stark auf einen bestimmten Blickwinkel und das Gefühl, man sei dort. Damit dieses Gefühl authentisch ist, stützen sich die Produzent*innen auf die erlebte Erfahrung der Befragten. So haben wir zum Beispiel in der von mir koproduzierten Serie über Asylsuchende in Deutschland ausschließlich die Stimmen und Zeugnisse der von uns befragten Personen herangezogen, die uns durch jeden Moment der 360°-Videoarbeit führten. Sieht man sich diese Beispiele genauer an, wird klar, dass diejenigen, deren Geschichte erzählt wird, sehr genau dargestellt werden müssen.

Shelley Barry, eine südafrikanische, queere Filmemacherin mit Behinderung, arbeitet an einer VR-Arbeit namens „Here". Ihre Perspektive auf Vielfalt ist durch ihre persönliche Lebenserfahrung geprägt. „Here" beschreibt sie in ihrem Treatment als VR-Film, in dem „Künstler*innen mit Behinderung ihre Stadt als inklusive Bühne für ein fantastisches Happening entwerfen". Ihre Arbeit ist durch den Raum beeinflusst, in dem sie sich befindet. Derzeit wohnt sie im 28. Stock einer Wohnung in Johannesburg. „Wenn ich oben bin, erlebe ich die Stadt aus der Vogelperspektive, und wenn ich über den Aufzug ins Erdgeschoss komme, erlebe ich die Stadt vom Boden aus. Es ist mühsam, sich in dieser Stadt zu bewegen, vor allem allein. Wenn ich von Taxi zu Taxi zu meinem Ziel gelange, fällt mir immer wieder auf, wie unsichtbar Körper mit Behinderung sind." Barry arbeitet an einer Ansicht von Johannesburg durch ihre Augen und unter Berücksichtigung ihrer körperlichen Erfahrung.

Barry will die Behindertenbewegung durch die Vervielfältigung des uns bekannten Kinos anregen: „Wenn wir den Bildschirm für andere Körper und Geschichten öffnen, haben wir eine viel reichere, repräsentativere Kinoerfahrung, die auch die Welt widerspiegelt, in der wir tatsächlich leben." Das Produktionsteam des Films ist auch divers in Bezug auf Rasse, Gender, Alter und Sexualität. „Es gibt Millionen von Menschen mit Behinderung auf dieser Welt, aber unsere Existenz wird ausradiert", sagt sie. Dieser VR-Film sei ein Stück Widerstand dagegen.

„The Occupation of Alcatraz that Sparked an American Revolution" ist eine 8-minütige 360°-Videoarbeit, die Dr. LaNada War Jack folgt. Die Protagonistin ist eine indigene Aktivistin und Akademikerin, die von 1969 bis 1971 an der Besetzung der Insel Alcatraz teilnahm. Die Arbeit verbindet ihre Erzählung mit der aktuellen Standing-Rock-Protestbewegung gegen den Bau der Dakota Access Pipeline: Das 360°-Videoerlebnis beginnt mitten in einer Sonnenaufgangszeremonie auf Alcatraz Island während eines Treffens indigener Völker aus den gesamten USA im Jahr 2016. Danach folgt man War Jack, als sie zum ersten Mal seit der Besetzung 1969 nach Alcatraz zurückkehrt.

„Wir nannten uns ‚Indians of All Tribes'", erklärt sie, als in einer Szene des Videos eine Mauer auf der Insel erscheint, auf der „Indian Land" in riesigen roten Buchstaben gekritzelt steht. „Wir waren da, um Stellung zu beziehen, um eine Antwort zu fordern auf die Frage, warum mehr als 500 Verträge mit der Bundesregierung, in denen den Indigenen Land, Wasser und Menschenrechte zugesichert wurden, immer wieder aufgehoben wurden." Die Erzählung, die das Team auf der Grundlage von War Jacks Buchmanuskripten geschrieben und mit ihr umgesetzt hat, ist eine Mischung aus persönlicher Erzählung und historischem Kontext. Die Macher*innen des Projekts haben die Arbeit als Reise konzipiert, bei der die Erzählerin ein Wegweiser ist. War Jack schrieb während der Zusammenarbeit an einem Buch über die Besetzung. Dadurch wurde den Produzent*innen klar, dass die Alcatraz-Geschichte, die sie erzählen wollten, die Geschichte von Standing Rock von 2016 beinhalten musste. Die Zuschauer*innen sollten sich so fühlen, als stünden sie mit War Jack auf

Alcatraz *und* in Standing Rock. Gemeinsam hat das Team eine ganzheitlichere Geschichte entwickelt.

Asad Malik, der Macher von „Terminal 3" – einer Augmented-Reality-Erfahrung für die HoloLens – schöpft seine Ideen ebenfalls aus Erfahrungen. „Wenn ich zu selten erzählte Geschichten machen will, fange ich bei meiner eigenen an." Als internationaler Student pakistanischer Herkunft, der in den USA lebt, wurde er schon zweimal vom FBI befragt, an Flughäfen auf der ganzen Welt wird er zur Nachkontrolle gebeten. Er ist nicht religiös, wird aber oft als Muslim wahrgenommen. „Terminal 3" feierte 2018 auf dem Tribeca-Filmfestival in New York seine Premiere. Sobald sich der*die Betrachter*in hinsetzt und die HoloLens aufsetzt, erscheinen Fragen. Die Erfahrung ist so strukturiert, dass sie dem Betrachtenden die Rolle des Verhörenden zuweist – gegenüber sitzt eine Person, vermutlich muslimischer Herkunft, als Hologramm. In der acht- bis zehnminütigen Befragung wird das Hologramm immer realistischer, ihr Hautton flackert, die Gesichtszüge werden deutlicher, während ihre Antworten persönlicher und intimer werden.

Malik sagt, eines seiner Ziele ist das, was er „cultural augmentation" nennt – die Idee einer beschleunigten Globalisierung durch das Zusammenbringen von Menschen, Dingen und Ideen aus der ganzen Welt. Er glaubt, dass Augmented Reality es uns ermöglicht, Ideen und Geschichten auf neue und andere Weise zu kommunizieren. Die kurzen Geschichten innerhalb der verzweigten Erzählung in „Terminal 3" tauchen tief in das persönliche Leben der Charaktere ein, die über ihre Kindheit und ihre Überzeugungen sprechen. Sie zeigen so die Komplexität der einzelnen Identitäten.

David Rock und Heidi Grant schreiben in ihrem Artikel „Why Diverse Teams Are Smarter" in der „Harvard Business Review": „Kurz gesagt, die Bereicherung Ihres Mitarbeiter*innenpools durch Vertreter*innen verschiedenen Geschlechts, Rassen und Nationalitäten ist der Schlüssel zur Stärkung des gemeinsamen intellektuellen Potenzials Ihres Unternehmens."[101] Einfacher gesagt: in diversen Teams kann man Vorurteile abbauen und die eigenen Annahmen hinterfragen – und das alles sind wichtige Elemente für komplizierte, immersive Geschichten.

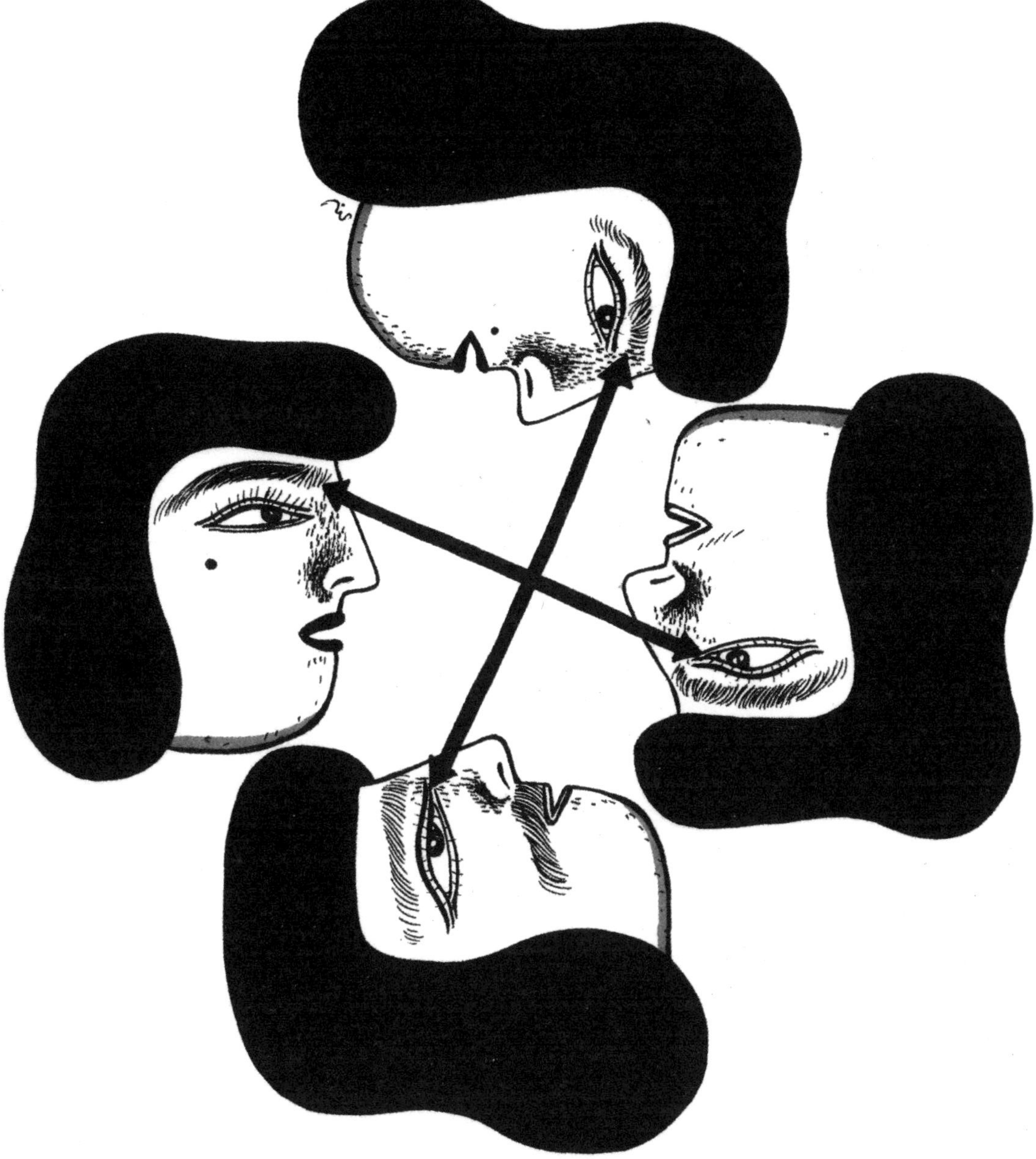

ZURÜCK IN DIE UDSSR?

Massenmedien im post-sowjetischen Raum haben sich verfangen zwischen den Ketten der Vergangenheit und den Verheißungen einer offenen Gesellschaft, schreibt der tadschikische Journalist **ATOKHON GANIEV.**

Ende Dezember 2017 wurden im zentralasiatischen Kasachstan zahlreiche Gesetzesänderungen und Ergänzungen im Medienrecht eingeführt, die insbesondere die Massenmedien betrafen und die auf ein geteiltes Echo und öffentliche Empörung stießen – nicht zuletzt deshalb, weil die Änderungen von Expert*innen als „Rückfall in UdSSR-Zeiten" gebrandmarkt wurden. Die Präsidentin der zentralasiatischen Vereinigung für Menschenrechte, Nadeschda Ataev, warnte, dass durch die neuen Regelungen vor allem Online-Publikationen und Online-Journalismus unter Beschuss geraten könnten.[102]

Diese Welle neuer gesetzlicher Regelungen in Kasachstan führte unter anderem dazu, dass jede Person, die in kasachischen Internetmedien etwas veröffentlichen oder kommentieren will, verpflichtet ist, sich mit Klarnamen zu identifizieren. Außerdem werden Journalist*innen genötigt, Rechercheergebnisse, etwa bei Korruptionsfällen, „freiwillig" an staatliche Behörden und Strafverfolgungsorgane weiterzugeben.

Doch trotz schlechter Noten für die Pressefreiheit und einer beunruhigenden Rechtslage erscheint die Lage für unabhängige Medien in zentralasiatischen Ländern im Vergleich zu Russland nicht einmal sonderlich katastrophal. Die kasachische Journalistin Nazira Darimbet legt in einer

Untersuchung dar, dass russische Medien einer noch deutlich schärferen Zensur und einem immensen Druck durch staatliche Behörden unterliegen; Einschüchterungsversuche und Gängelung von Medienschaffenden sind an der Tagesordnung, Fernseh- und Radiosender werden quasi-totalitär von staatlicher Seite kontrolliert und Falschmeldungen oder die Verdrehung von Tatsachen sind weitverbreitete Praktiken.[103]

Laut Darimbet werden unterschiedliche Druckmittel eingesetzt: 1) zivil- und strafrechtliche Verfolgung und Gerichtsverfahren, 2) physischer, psychologischer und wirtschaftlicher Zwang, 3) Sperren von Internetseiten, restriktiver Zugang zum weltweiten Netz oder Behinderungen und Ausfälle beim Druckprozess, 4) tätliche Übergriffe bis hin zu 5) Mord.

Totalitäre Kontrolle, Druckausübung, ständige Überwachung und Drohungen zwingen jedoch auch in den postsowjetischen Ländern Zentralasiens unabhängige Medien dazu, entweder mit staatlichen Behörden zusammenzuarbeiten oder den Betrieb einzustellen. Freiberufliche Journalist*innen sind oft gezwungen, den Beruf zu wechseln oder das Land zu verlassen. Im zentralasiatischen Tadschikistan mussten in den letzten Jahren deshalb selbst renommierte unabhängige Zeitungen wie „Tojnews“, „Ozodagon“ und „Nigoh“ aufgeben. Ist die Situation also wirklich besser als in Russland?

Auf einer Konferenz vor zwei Jahren in Tadschikistans Hauptstadt Duschanbe führte der Leiter des dortigen „Verbands Unabhängiger Medien“, Nuriddin Karshiboev, drei Gründe für die verbreitete Selbstzensur tadschikischer Medienmacher*innen an:

„Erstens, der stets drohende Druck vonseiten der Kritisierten; zweitens, die geringe Entlohnung der journalistischen Arbeit – selbst couragierte Journalist*innen überlegen es sich in der Regel zweimal, bevor sie einen kritischen Artikel schreiben und damit Risiken eingehen, die sich in keiner Hinsicht auszahlen. Drittens wird die Selbstzensur oft von oben, das heißt von Chefredaktionen und Inhaber*innen der Medienhäuser verordnet aus Furcht, die Geschäftsgrundlage zu verlieren.“[104]

Selbstzensur ist allerdings nicht das Einzige, was vielen zentralasiatischen Ländern gemeinsam ist.

Der starke Einfluss russischer Propaganda

Der postsowjetische Informationsraum wird von der russischen Sprache bzw. von russischsprachigen Medien dominiert. Die meisten Fernseh-

sender in der russischen Föderation strahlen ihr Programm in alle postsowjetischen Länder aus.

Eine an einem beliebigen Wochentag im Jahr 2018 durchgeführte Analyse von Inhalten und Sendersprachen der Rundfunkanstalten in Kirgisistan (durchgeführt von der Agentur „Expert“ mit Sitz in Bischkek) ergab bei den stichprobenartig ausgewählten Sendern einen Anteil von 42 Prozent russischer Inhalte und 69 Prozent russischsprachiger Programme oder Sendungen.[105]

Die (1961 nach dem Vorbild von „APS“ in der UdSSR gegründete) „Russia Today International Information Agency“ vereint Rundfunk, und Agenturmeldungen sowie Nachrichtenportale in dutzenden von Sprachen mit großzügiger Unterstützung der Moskauer Regierung unter einem Dach und ist seit 2013 zum Leitmedium für russische Propaganda avanciert.

Der russische Publizist Maxim Goryunow warnt vor dem immensen Einfluss, den die russische Propagandamaschine landesweit, aber im Grunde überall dort, wo Russisch gesprochen wird, hat.[106]

Die heute in der Ukraine lebende kasachische Journalistin Zhanara Achmetowa bewertet diese Propaganda in Kasachstan als „höchst wirksam“ und schätzt, dass russische Medien etwa 90 Prozent des gesamten Informationsraums abdecken, da sie nicht nur Fernsehsender, sondern auch Radiostationen, Zeitungen und Websites einschließen. Außerdem darf die Tatsache, dass viele lokale Medien in der Hand russischer Eigentümer*innen oder Mitinhaber*innen sind, nicht außer Acht gelassen werden. Die engagierte Journalistin verweist darauf, dass russische Berater auf allen kasachischen Kanälen das Sagen haben und deren Einflussnahme immer deutlicher spürbar wird.[107]

Patriarchale Strukturen und die Diskriminierung von Frauen in den Medien

Das Frauenbild im postsowjetischen Raum ist seit jeher stereotyp und patriarchalisch geprägt. Dies verhindert gesellschaftliche Gleichberechtigung und Chancengleichheit bis heute.

Nach Ansicht der Wissenschaftlerinnen Mansurowa und Ibragimowa aus Dagestan „beruht die stereotype, diskriminierende und sexistische Darstellung von Frauen in den Medien – Soziale Medien eingeschlossen – auf der Tatsache, dass das Bild der Frau in der russischen Kultur, im Film wie im Journalismus, nach wie vor männlich geprägt ist.“[108]

Frauen im Fernsehen (der weitaus wichtigsten Informationsquelle in Zentralasien) sind entweder langhaarige Schönheiten in anmutiger, traditioneller Tracht oder vorbildliche Hausfrauen, die wunderbar kochen oder backen können, während die Männer die Feldarbeit verrichten. In letzter Zeit hat sich dieses stereotype Bild um die Sexarbeiterin erweitert, die im Krimi von männlichen Ermittlern oder Journalisten mit demütigenden und beleidigenden Fragen herabgewürdigt wird.

Wirtschaftliche Abhängigkeiten

In der Sowjetzeit wurden sämtliche Medien staatlich finanziert und hatten schon deshalb kaum Möglichkeiten, bestimmte Vorgaben oder Rahmen zu überschreiten. Allerdings hoffen auch 30 Jahre nach dem Zusammenbruch der UdSSR die meisten Medienmacher*innen in den Ländern der Gemeinschaft Unabhängiger Staaten (GUS) darauf, mit Staatsgeldern „durchgefüttert" zu werden. Vielleicht sind viele Medien auch deshalb aus wirtschaftlicher Sicht unrentabel und nicht für den Wettbewerb gerüstet. Da sich der Prozess der Digitalisierung und somit der Übergang vom klassischen Medium zum Netzwerk nur langsam vollzieht, haben viele Medienunternehmen außerdem wichtige Werbekund*innen verloren.

Darimbets Untersuchung legt nahe, dass unabhängige Medien im postsowjetischen Raum stark auf internationale Finanzhilfe angewiesen sind und sich innovative Verfahren wie Crowdfunding selten zunutze machen können, „weil Menschen in Ländern mit autoritären Regimen wie etwa Kasachstan misstrauisch oder ängstlich sind, wenn es darum geht, Medien zu unterstützen, oder sie finanziell schlicht nicht in der Lage dazu sind", so die Journalistin.[109]

Die besonderen Umstände der Situation von Medien im postsowjetischen Raum müssen bei der Lösung der hier genannten Probleme berücksichtigt werden. Ich möchte mit einigen Vorschlägen enden, wie die Lage im Medienbereich in postsowjetischen Ländern mittelfristig verbessert werden könnte:

A Höhere Beteiligung von Medienschaffenden aus postsowjetischen Ländern an internationalen Konferenzen; Ermöglichung von Praktika bzw. Teilnahme an Weiterbildungen durch Sommer- und Winterakademien zu den wichtigsten und aktuellsten Themen des modernen Journalismus und der Aufbau länderübergreifender Kooperationen.

B Schaffung einer Plattform (in Englisch und in den Sprachen der GUS-Länder) für die gemeinsame Arbeit von Journalist*innen aus postsowjetischen und anderen Ländern weltweit.
C Schaffung von Rahmenbedingungen für die Entwicklung transnationaler Medienprojekte im postsowjetischen Raum.
D Appelle an Geberorganisationen und Finanzinstitutionen, sich besonders für die Verbesserung der finanziellen, materiellen und technischen Voraussetzungen für eine unabhängige Medienlandschaft im postsowjetischen Raum einzusetzen.

Damit würde die nachhaltige Entwicklung einer unabhängigen Medienlandschaft im postsowjetischen Raum gezielt gefördert, die als Garant einer freiheitlichen, demokratischen Gesellschaft unabdingbar ist.

WENN JOURNA-LISMUS SPALTET

In Spanien wird das politische Klima zunehmend von extremen Positionen geprägt. Das Fehlen einer Vielfalt an Stimmen in der Presse verschärft dabei das Problem, argumentiert **SILVIA NORTES.**

Die Regionalwahlen in Andalusien im Dezember 2018 haben ein unerwartetes Ergebnis hervorgebracht. „Vox", eine rechtsextreme Partei, deren Diskurs auf einer strikten Ablehnung von Einwanderung und Abtreibung basiert, gewann zwölf Sitze und schaffte es erstmals ins Parlament. Meinungsumfragen prognostizieren zudem eine wachsende Relevanz der Partei auch auf internationaler Bühne, beispielsweise durch einen Einzug ins Europäische Parlament.

Der Aufstieg der extremen Rechten in Spanien ist kein Zufall, sondern das Ergebnis einer Ermüdung der Gesellschaft angesichts von Korruptionsskandalen bei den traditionellen Parteien – PP und PSOE – und Vorhaben, die für Spaltung sorgten, wie das Referendum über die Unabhängigkeit Kataloniens.

Die Medien haben dabei eine wesentliche Rolle gespielt. Die Polarisierung im spanischen Mediensystem – in dem Zeitungen, Fernsehen, Radio und Onlinemedien eine ausgeprägte ideologische Tendenz aufweisen – hat zu einer Spirale gegensätzlicher und radikaler Meinungen geführt, die nicht auf Konvergenz und Dialog, sondern auf Divergenz und Konfrontation ausgerichtet sind. Das zeigt sich besonders deutlich im Fernsehen, wo politische Debatten mehr Spektakel als konstruktive Diskussionen sind.

Der Professor für Journalismus Bernardo Díaz Nosty argumentiert, dass angesichts der Krise der Journalismus „die Debatte aufgemischt und die Geräuschemission verstärkt hat. Es sind häufig die Breitbandkommentator*innen, die man gleichermaßen oft gebeten hat, über Liebesabenteuer und Justiz zu sprechen, die [...] vereinbarte Positionen beibehalten, sich an ein Drehbuch anpassen und die aufgefordert werden, für Polarisierung und Spektakel zu sorgen." Tatsächlich haben die Medien polarisierte und leidenschaftliche Positionen eingenommen, mit denen, wie Díaz Nosty sagt, häufig Emotionen angesprochen werden, „und es ist die Bühne der Leidenschaften, die dem populistischen Verfall Flügel verleiht".

In diesem Sinn trägt auch die Dominanz der Meinung einer kleinen Gruppe von Journalist*innen, die den Diskurs bestimmt, zur Einschränkung der Pluralität und Verarmung der demokratischen Debatte bei. Wie die Ärztin und Journalistin Paloma Abejón betont, „sind diese Meinungen immer dieselben in allen Medien und sie polarisieren zunehmend". Die Debatte wird zum Hin und Her von Friss-oder-stirb-Vorwürfen, und das hat einen großen Einfluss auf die öffentliche Meinung.

Dabei tauchen bestimmte Namen immer wieder auf, wie Francisco Marhuenda, Juan Manuel de Prada, Alfonso Rojo, Elisa Beni, Cristina Seguí, Ignacio Escolar – jede*r von ihnen mit einer ausgeprägten ideologischen Haltung. „Es ist die Schlange, die ihren eigenen Schwanz frisst", erklärt Abejón. „Je ideologischer die Kommentator*innen sind, desto häufiger werden sie eingeladen, weil sie für Spektakel sorgen. Darüber hinaus dominieren Männer das Feld der politischen Meinung, während Frauen in die ‚Frauenprogramme' verbannt werden."

Wie können Medien vielfältige Informationen und Meinungen gewährleisten, wenn die Urheber*innen höchst ideologisch und immer dieselben sind?

Laura Teruel, Journalistin und Forscherin an der Universität Málaga, erklärt, dass es „Medien gibt, die ein hohes Maß an politischer Parallelität aufweisen. Die Politik dominiert die Medienagenda, und es gibt eine offensichtliche parteipolitische Ausrichtung bei den Schlagzeilen."

Die zunehmende Politisierung und Polarisierung der Medien hat ihren Ursprung in der Finanzkrise des Jahres 2008. Der Rückgang der Werbeinvestitionen zwang die Medien zur verzweifelten Suche nach einer Finanzierung. Und diese Finanzierung war ideologisch bestimmt. Warum? Die Krise wurde von Korruptionsskandalen begleitet, die die spanische

Gesellschaft in Aufruhr versetzten und Bewegungen wie „15M" und neue politische Parteien wie „Podemos" und „Ciudadanos" hervorriefen, die versuchten, unzufriedene Wähler*innen aus der traditionellen Zweiparteienteilung von PP/PSOE herauszulösen. Ideologische Positionen kochten hoch und polarisierten zwischen den verschiedenen politischen Gruppen.

Die politisierten Konsument*innen für sich zu gewinnen wurde zum Ziel der Medien. Und das geschah durch das Ansprechen von Emotionen und durch Konfrontation. Detaillierte Recherchen sind teuer. Fake News und das Gerede von Informant*innen und Meinungsbildner*innen, die Stunden im Fernsehen und Radio verbringen und lange Spalten in Zeitungen füllen, sind relativ billig.

Die klare ideologische Ausrichtung der spanischen Medien ermuntert das Publikum, das eine oder das andere zu konsumieren, um eine Position zu finden, die ihren*seinen Idealen entspricht, und fördert damit eine Polarisierung und Intoleranz gegenüber denjenigen, die anders denken. So ist es beispielsweise normal, die Zuschauer*innen als „links" einzustufen, wenn sie „La Sexta" sehen, oder „rechts", wenn sie „Antena 3" schauen. Beide Kanäle gehören übrigens zur gleichen Mediengruppe, was von einer Geschäftsstrategie zeugt, die ein breites Spektrum an ideologischen Positionen und damit ein breites Publikum abdecken will.

Infolgedessen, so Abejón, ist die Glaubwürdigkeit der Medien nicht länger ein Wert für Konsument*innen. Heute werden Medien „wegen ihrer Fähigkeit, Kontroversen und Diskussionen zu erzeugen" konsumiert.

Wir können Zeichen und Verhaltensweisen identifizieren, die zeigen, wie die Verschärfung der politischen Debatte, die Talkshows und die ideologische Ausrichtung der Medien Extremismus und Polarisierung in der spanischen Gesellschaft fördern.

Dass der Zustand einer Demokratie in hohem Maß von der Rolle der Medien als Gegengewicht zur staatlichen Macht abhängt, liegt auf der Hand. In Spanien wurden dank journalistischer Recherchen große Korruptionsnetzwerke wie der „Gürtel-Plan" oder der „ERE-Fall" in Andalusien aufgedeckt. Doch der Gesundheitszustand der Medien korrespondiert nicht mit dem, was ein demokratisches Land haben sollte.

Zuerst einmal sind die Medien im Besitz einiger weniger sehr mächtiger Konzerne. So erreichen beispielsweise die öffentliche Gruppe „RTVE", die privaten Gruppen „Mediaset" und „Atresmedia" sowie die katalanische „CCMA" 94 Prozent des Anteils am spanischen audiovisuellen

Markt und kontrollieren, was 78 Prozent des gesamten Publikums schaut. Laut „Media Pluralism Monitor" ist Spanien dadurch einem „hohen Risiko" fehlender Pluralität ausgesetzt. Dieser Mangel an Pluralität führt zudem zu einer ausgeprägten ideologischen Ausrichtung. Die Forscher Hallin und Mancini klassifizieren das spanische Mediensystem als „polarisierten Pluralisten", weil es zwar eine große Anzahl von Medien mit unterschiedlichen Positionen gibt, sie aber intern sehr wenig Pluralität aufweisen in der Art und Weise, wie sie Informationen erfassen.

Beschädigt dieser Mangel an interner Vielfalt in den Medien die Abläufe in der Demokratie? Der katalanische Konflikt dient als Beispiel. Wie die „Fundación Alternativas" erklärt, sprechen sich 80 Prozent der TV3-Zuschauer*innen – jenem Sender, dem Propaganda für die Unabhängigkeit vorgeworfen wird – und 71 Prozent derjenigen des regionalen Nachrichtensenders für die Unabhängigkeit aus. Auf der anderen Seite sind die Katalan*innen, die staatliche Fernsehprogramme schauen, meist gegen die Unabhängigkeit.

Wie die „Fundación Alternativas" im Bericht über die spanische Demokratie feststellte, stimmten 2016 bei den nationalen Wahlen 41 Prozent der „TVE"-Zuschauer*innen für die PP, und nur fünf Prozent der Zuschauer*innen von „La Sexta" entschieden sich für diese Partei. Im Gegenteil, fast jede*r dritte „La Sexta"-Zuschauer*in stimmte für „Unidos Podemos". Darüber hinaus gab es unter den Zuschauer*innen von „Antena 3" mehr PP-Wähler*innen und mehr Sozialist*innen unter den Zuschauer*innen von „Telecinco" und „Cuatro". Das heißt: Die Zuschauer*innen „linker" Medien wählten eher linke Parteien, das Publikum konservativer Medien wählte eher rechte Parteien.

Die Schlussfolgerung des Berichts über die spanische Demokratie ist eindeutig: Die ideologische Polarisierung der Kommunikationsmittel trägt dazu bei, dass die Bürger-Konsument*innen dazu neigen, bestimmten Themen mehr Bedeutung beizumessen oder für bestimmte Parteien zu votieren, was sich auf die Wahlergebnisse auswirkt. Die Zunahme neofaschistischer, antimigrations- und antifeministischer Diskurse und der rasante Aufstieg von „Vox" im Parlament und in den Umfragen ist nur ein Beweis für den Zusammenhang zwischen einer Medienpolarisierung und ihrer Auswirkungen auf die Demokratie.

Müssen wir somit den Meinungsjournalismus als „gefährlich" für die Demokratie ansehen? Was sollten Medien tun, um Polarisierungs- und

Konfrontationsdiskurse zu moderieren? „Meinungsjournalismus ist sehr wichtig und darf nicht abgestraft werden", sagt Paloma Abejón. „Er interpretiert die Nachrichten und ermöglicht es uns, neues Wissen hinzuzugewinnen. Das Problem besteht darin, dass in den Medien Meinung nicht von der Information unterschieden wird. Das Publikum sollte in der Lage sein, das eine vom anderen zu trennen. Darüber hinaus müssen die Meinungen fair und aufrichtig sein. Nicht alles ist zulässig. Die Lösung besteht darin, den Meinungsjournalismus auf einige wenige Regeln und Kodizes der Würde und des Respekts zu gründen und gleichzeitig die Meinungsfreiheit zu schützen."

Will man der Medienpolarisierung ein Ende bereiten, muss man herausfinden, wie man die soziale und demokratische Rolle des Journalismus mit seiner geschäftlichen Seite verbindet. Es müssen Mechanismen entwickelt werden, mit denen redaktionelle Entscheidungen vor einem möglichen Einfluss der Geldgeber*innen geschützt werden können. Außerdem müssen die Medien nach neuen Formaten suchen mit einem tiefgründigen, qualitativ hochwertigen und konstruktiven Journalismus, der das Publikum anzieht und Leser*innen, Hörer*innen und Zuschauer*innen davon überzeugt, für diese Inhalte zu bezahlen. Es ist wichtig, dass unabhängige, von Abonnent*innen finanzierte Medien ein größeres Publikum gewinnen. Wirtschaftliche Unabhängigkeit + Qualitätsjournalismus = aufgeschlossenes Publikum und weniger Polarisierung.

Andererseits würde eine stärkere Diversifizierung in den Redaktionen in Bezug auf Ideologie, Geschlecht und Alter zugunsten der Unparteilichkeit wirken. Medien mit heterogenen Standpunkten ziehen mithin ein heterogenes Publikum an und fungieren als eine Art Agora, in der es Raum für gegensätzliche Meinungen gibt, und bekämpfen so Dogmatismus und Extremismus.

RAUM FÜR VIELFALT SCHAFFEN

Auf der ganzen Welt fehlt es Redaktionen an vielfältigen Mitarbeiter*innen und die Leserschaft beginnt das zu bemerken. Die italienische Journalistin **MARGHERITA BETTONI** stellt einige Initiativen vor, die sich für eine diverse Berichterstattung einsetzen.

Am Anfang ging es eher darum, zusammenzuhalten und sich gegenseitig zu unterstützen: „Journalist*innen ethnischer Minderheiten fühlten sich in den Redaktionen ziemlich allein. Es war fast immer so, dass nur eine*r von uns gerade dort arbeitete", erinnert sich Sheila Mysorekar. Aber es wurde schnell klar, dass es um mehr als das ging. Es musste sich etwas ändern an der Tatsache, dass in den Redaktionen zu wenige Journalist*-innen ethnischer Minderheiten arbeiten und dass bestimmte Themen in den Medien gar nicht vorkamen oder voreingenommen behandelt wurden. „Aus einer Selbsthilfegruppe mit gemeinsamem Interesse wurde schnell ein Verein mit klaren Zielen", erklärt Mysorekar.

Sheila Mysorekar ist eine der beiden Präsidentinnen der „Neuen deutschen Medienmacher", einem gemeinnützigen Verein von Journalist*innen mit und ohne Migrationsgeschichte. Der Verein ist nur ein Beispiel von vielen weltweiten Initiativen, die sich für mehr Vielfalt im Journalismus einsetzen. Diese Initiativen tragen wesentlich dazu bei, die Debatte über die Bedeutung eines vielfältigen Redaktionspersonals, aber auch über eine unvoreingenommene Berichterstattung, am Leben zu erhalten.

Dass es in deutschen Nachrichtenmedien an Vielfalt fehlt, macht ein kurzer Blick auf die Statistik deutlich. Nach Angaben des Statistischen

Bundesamtes haben rund 19,3 Millionen Deutsche einen sogenannten „Migrationshintergrund", dazu zählen „alle Menschen, die die deutsche Staatsangehörigkeit nicht durch Geburt besitzen oder die mindestens ein Elternteil haben, auf das dies zutrifft". Obwohl sie also fast ein Viertel der Gesamtbevölkerung Deutschlands (83 Millionen) ausmachen, stellen Menschen mit Migrationsgeschichte Schätzungen zufolge weniger als 5 Prozent der Journalist*innen in deutschen Redaktionen.

Der Blick auf weitere Länder zeigt, dass die Situation dort nicht viel anders ist. So ergab eine von der American „Society of News Editors" (ASNE) 2018 veröffentlichte Umfrage für die Vereinigten Staaten, dass People of Color 22,6 Prozent des Redaktionspersonals ausmachen.[110] ASNE erklärte, dass die Zahl nicht für die gesamte Journalismusbranche der USA verallgemeinert werden könne, da die Umfrage auf Daten von Unternehmen beruhe, die sich freiwillig beteiligt hätten. Doch selbst wenn die Zahlen repräsentativ wären, stellen People of Color und Latinos 41,5 Prozent der Bevölkerung der Vereinigten Staaten, was etwa dem doppelten Prozentsatz ihrer Repräsentation in den Redaktionen entspricht.

Während es in westlichen Ländern noch ein langer Weg ist, bis unter den Mitarbeiter*innen in Redaktionen echte Vielfalt erreicht wird, ist es auch Initiativen wie den „Neuen deutschen Medienmacher*innen" zu verdanken, dass der Mangel an diversen ethnischen und religiösen Gruppen in den Redaktionen zunehmend in den Fokus einer öffentlichen Debatte gerückt ist. „Nach und nach setzt sich die Idee durch, dass eine nur aus weißen, christlich geprägten Deutschen bestehende Redaktion nicht so berichten kann wie eine vielfältigere Redaktion", sagt Mysorekar.

Während allerdings im deutschen Bundestag eine lebhafte Debatte über eine 50-50-Quote für Frauen geführt wird, ist eine Quote für ethnische Minderheiten in den Institutionen so gut wie kein Thema. Die Mitglieder der „Neuen deutschen Medienmacher*innen" diskutieren zwar eine Quote für Redaktionen – haben aber keine offizielle Position dazu. „Was wir sagen, ist, dass es klug wäre, eine Quote zu fordern, allein um eine öffentliche Debatte anzustoßen", erklärt Mysorekar. Sie hält eine Quote für die Zulassung zum Volontariat, dem Ausbildungsprogramm für angehende Journalist*innen, für wichtig. In der Arbeitswelt sieht es dann jedoch anders aus. „Niemand will der*die Quotenausländer*in sein", sagt Mysorekar, „aber andererseits habe ich nicht den Eindruck, dass weiße Männer bereit sind, freiwillig Platz für andere zu machen."

Nikole Hanna-Jones, eine Reporterin, die für das „New York Times Magazine" arbeitet, sieht das ähnlich. Im Jahr 2015 gründete Hanna-Jones zusammen mit drei weiteren schwarzen Journalist*innen die „Ida B. Wells Society for Investigative Reporting". Ihr Anliegen ist es, die Anzahl an Schwarzen Journalist*innen im investigativen Journalismus zu erhöhen und deren Verbleib zu sichern, aber auch die Redaktionen darüber aufzuklären, dass Vielfalt die Wirksamkeit von Recherchen steigern kann. In einem Artikel des „Shorenstein Centers"[111] sagt sie: „Vielfalt ist nicht aus politisch korrekten Wohlfühlgründen wichtig, sondern weil vielfältige Redaktionen mehr Geschichten aufdecken und Zugang zu mehr Communities haben." Mehr Vielfalt heißt bessere und unvoreingenommenere Berichterstattung. So einfach ist das.

Mysorekar glaubt, dass struktureller Rassismus Teil des Problems ist. Und der beginnt schon in der Schule: „Es ist eine Kettenreaktion: Kinder aus Einwander*innenfamilien haben es schwerer, eine Hochschulempfehlung zu bekommen." Und Journalismus, so Mysorekar, ist ein Job, der seine Anwärter*innen hauptsächlich aus der Mittelschicht bezieht. In den USA sieht es ähnlich aus. Hanna-Jones kommentiert für das „Shorenstein Center" die Tatsache, dass amerikanische investigative Redaktionen von weißen Journalist*innen dominiert werden: „Je prestigeträchtiger ein Job ist, je mehr Können er erfordert, desto unwahrscheinlicher ist es, dass People of Color das Mentoring, die Ausbildung und die Chance bekommen, einen solchen Job auszuüben."

Und genau hier spielen Initiativen für Vielfalt eine wichtige Rolle. Journalismus ist in Deutschland, wie auch in den USA, ein Beruf, bei dem es nicht nur darauf ankommt, aus der Mittelschicht zu sein, sondern auch Networking zu betreiben und die richtigen „Buddies" zu haben - und bei dem es wenige offizielle Stellenangebote gibt. Ein Netzwerk von weißen Männern dürfte immer dazu neigen, nach mehr weißen Männern Ausschau zu halten. Dank Pro-Diversity-Initiativen werden bereits konkrete Anstrengungen unternommen, um eine Öffnung am Arbeitsmarkt für Menschen unterschiedlicher Ethnien oder für ausländische Journalist*innen zu erreichen. Die „Neuen deutschen Medienmacher*innen" haben zum Beispiel 2010 ein Mentoringprogramm für junge Journalist*innen aus Migrant*innenfamilien gestartet. Der Verein betreibt auch eine Expert*innendatenbank namens „Vielfaltfinder", die hunderte ethnisch verschiedene Spezialist*innen auflistet. In den USA bietet die „Ida

B. Wells Society" ihren Mitgliedern kostenlose oder kostengünstige Journalismus-Kurse an.

Aber Diversifizierung beim Medienpersonal allein reicht nicht aus. Mysorekar ist der Meinung, dass ein stärkeres Bewusstsein für die Wahl der richtigen Sprache in der Berichterstattung entstehen müsse. Bei der Beschreibung rassistischer Angriffe in Deutschland würden viele Medien beispielsweise den Begriff „Fremdenfeindlichkeit" verwenden. „Aber es geht nicht um Fremde, es geht um Rassismus gegen Schwarze Deutsche, nicht wegen ihrer Pässe, sondern wegen ihres Aussehens", sagt Mysorekar. Mysorekar glaubt, dass die Verwendung der richtigen Worte zur Beschreibung eines Phänomens von erheblicher Bedeutung ist, weil mit Worten gewissermaßen die Realität geschaffen wird. „Wenn die Medien von einem ‚Flüchtlings-Tsunami' sprechen, erzeugen sie die Vorstellung von Flüchtlingen als einer gefährlichen Naturgewalt, der die Menschen in Europa ausgesetzt sind", meint sie.

Mit dem zunehmenden Druck auf Medien durch Kostensenkungen bei Verlagen und einem allgemeinen Vertrauensverlust in die Presse, aber auch durch Anfeindungen von Politiker*innen gegen Journalist*innen, wird das Durchsetzen von mehr Vielfalt an verschiedenen Fronten zu einer noch größeren Herausforderung. Sheila Mysorekar meint dazu: „Vielfalt ist Teil der Realität. Wenn sie fehlt, verpassen wir alle etwas."

KOLLABORATIONEN GEGEN VORURTEILE

Kann kollaborativer Journalismus blinde Flecken in der Berichterstattung eines Landes sichtbar machen? Die dänisch-deutsche Journalistin **BRIGITTE ALFTER** ist fest davon überzeugt.

„Wieeee bitteee?" Ich selbst reagiere gelegentlich mit Überraschung, auch mal Irritation oder gar Empörung, wenn jemand meine Weltanschauung anzweifelt, meine Auffassung von Höflichkeit nicht teilt oder eine ganz andere Art des Diskutierens pflegt.

Solche Momente sind fester Bestandteil in jedem journalistischen Team, das über Grenzen hinweg zusammenarbeitet. Weil jede*r Journalist*in – wie jeder andere Mensch auch – kulturelle blinde Flecken hat. Natürlich sind wir in der Regel zivilisiert und gut ausgebildet genug, um solche Überraschungen im Team höflich, vielleicht sogar konstruktiv anzugehen. Denn diese Herausforderungen erlauben es uns, zu lernen.

Die Bereitschaft von anderen zu lernen, um auftretende Überraschungen und die damit einhergehenden Irritationen zu überwinden, ist eine Stärke des kollaborativen Journalismus. Denn wenn wir als Team zusammenarbeiten, verbessern wir unsere journalistische Arbeit, sei es für einen Artikel oder eine Sendung.

Offenheit ist die Grundvoraussetzung für kollaborativen Journalismus. Gleichzeitig ist sie aber auch die beste Art des Faktenchecks. Innerhalb eines Teams hinterfragen wir die blinden Flecken der anderen, weil wir ein präzises, gründliches journalistisches Produkt haben wollen. Wir wollen der Realität ja so nahe wie möglich kommen. So funktioniert die Kombination aus kollaborativer Denkweise und Methode.[112]

Erlauben uns dieser Ansatz, diese Erfahrungen und diese Denkweise, tiefer in gesellschaftliche Themen einzutauchen, über die bisher wenig berichtet wurde?

In den letzten zwei Jahrzehnten hat sich der grenzüberschreitende, kollaborative Journalismus stark entwickelt. Er ist sogar teilweise in den Mainstream vorgedrungen. Bekannte Projekte wie „Big Tobacco Smuggling"[113] im Jahr 2000 oder „Farmsubsidy"[114] im Jahr 2005 wurden durch das Experimentieren von Pionier*innen vorangetrieben, die ihre Artikel zusammen recherchiert haben. Bedeutendere und neuere Projekte wie „Lux Leaks"[115], „Panama Papers"[116, 117] „Football Leaks"[118] oder „Implant Files"[119] haben die Stärke der grenzüberschreitenden Zusammenarbeit bewiesen.[120]

Die Frage ist demnach jetzt nicht mehr *ob*, sondern *wie* wir diesen kollaborativen Ansatz nutzen können. Wie können wir durch kollaborativen Journalismus, der nationale Grenzen überwindet, auch andere Grenzen überschreiten? Zum Beispiel Grenzen zwischen gesellschaftlichen Gruppen – etwa, indem man Journalist*innen mit Erfahrungen aus verschiedenen Ländern und außerhalb der nationalen Medienkonkurrenz zusammenbringt.

Mit anderen Worten, könnten wir innerhalb unserer Länder kooperative Methoden nutzen, um thematische und politische Überraschungen zu vermeiden? Hätten wir unsere Berichterstattung durch Kollaboration verbessern können, um die Anliegen der Menschen zu berücksichtigen, die - offenbar zur Überraschung vieler Medien - in Frankreich plötzlich in gelben Westen auf die Straße gingen, im Vereinigten Königreich für den Brexit oder europaweit für autoritäre Parteien stimmten?

Schauen wir uns ein grenzüberschreitendes Projekt eines Teams an, das einem gewöhnlichen Fall von angeblicher Korruption in zwei Ländern gefolgt ist. Da ist erstmal nichts Besonderes daran, außer dass der nationale Diskurs in den beiden beteiligten Ländern –Deutschland und Griechenland – zum Zeitpunkt der Recherche aufgrund der sogenannten Eurokrise äußerst feindselig war.

Dies bedeutete, dass die EU Griechenland, einem Land, das Kredite eben von deutschen und französischen Banken erhalten hatte, aus der Klemme half. In Deutschland war es in den Medien üblich, mit dem Finger auf die „faulen Griechen" zu zeigen, die zu viel ausgegeben hätten und nun von deutschen Steuerzahler*innen „gerettet" werden müssten; in griechischen Medien wurden dagegen deutsche Politiker*innen in Naziuniform dargestellt.

Obwohl die Teammitglieder alle glaubten, sich nationaler Narrative bewusst zu sein, sogar darüber zu stehen, stellten sie fest, dass sie bis hin zur Wortwahl von ihren kulturellen Hintergründen geprägt waren. In der Zusammenarbeit konnten sie diese Annahmen vor einer Veröffentlichung gemeinsam hinterfragen und überprüfen. Auf diese Weise kamen ihre Leser*innen einer Realität näher, die weniger von nationalen politischen Agenden beeinflusst war.

In cross-border Teams steht die Zusammenarbeit nicht unter dem direkten Wettbewerbsdruck, wie es für nationale Medien üblich ist. Aber warum haben wir diese reflexartige Reaktion, Journalist*innen in anderen Medien sofort als Konkurrent*innen zu betrachten? Ist dieses instinktive Wettbewerbsdenken nicht ein Denkfehler, wenn es auf Bereiche des Journalismus außerhalb von den schnellen Nachrichten angewendet wird? Sollten wir Journalist*innen unsere oft extrem wettbewerbsorientierte Sozialisierung nicht überdenken?

Ein Vergleich mit anderen Bereichen kann da vielleicht helfen. Und wo könnte man bessere Analogien zum Wissensaustausch in Gesellschaften finden als in der wissenschaftlichen Praxis? „Peer-Review"-Gutachten und Faktenchecks haben in der Wissenschaft eine lange Tradition. Die Begutachtung, der Austausch von Artikeln und die gegenseitige Unterstützung sind zwar zeitaufwendig, aber Wissenschaftler*innen investieren diese Zeit in die Arbeit ihrer Kolleg*innen, um das Ergebnis zu verbessern. Es ist allgemeiner Standard. In der Wissenschaft ist der Prozess der gegenseitigen Checks von potenziellen blinden Flecken sogar systematisiert, denn geprüfte Artikel genießen deutlich höhere Anerkennung als Artikel ohne „Peer-Review".

Als Journalist*in ist die Anpassung an „Peer-Review"-Prozesse über den*die eigene*n Redakteur*in hinaus ungewohnt, aber bereichernd. Denn auch hier verbessert die Zusammenarbeit tendenziell die Arbeit. Wissenschaftler*innen stehen natürlich untereinander im Wettbewerb um Exzellenz und Forschungsmittel. Doch die Balance zwischen Wettbewerb und Zusammenarbeit scheint dennoch eine fokussierte Herangehensweise zu ermöglichen, wo sowohl Zusammenarbeit als auch Wettbewerb genutzt werden. Der Zeitpunkt der gewählten Methode muss eben stimmen.

Es gibt immer mehr Beispiele für die Stärken der Zusammenarbeit im Journalismus, eine Arbeitsweise, die aus journalistischer Notwendigkeit heraus entwickelt wurde. Im grenzüberschreitenden, kollaborativen Journalismus spricht man von „verbesserter journalistischer Qualität durch mehr Arbeitskräfte" sowie von besserer „Arbeitsteilung" und zusätzlichen Fähigkeiten, Themenkenntnis und Kontakten zu Quellen. Darüber hinaus wurden der Wunsch nach einer „größeren öffentlichen Aufmerksamkeit" sowie Sicherheitsüberlegungen geäußert.[121]

Das richtige Gleichgewicht zwischen Wettbewerb und Zusammenarbeit muss man noch finden. Auf nationaler Ebene neigen insbesondere die Medien zum Wettbewerb. Doch gibt es nicht auch auf nationaler Ebene Möglichkeiten der Veränderung? Konkurrieren alle lokalen Medien? Könnten verschiedene Formate - Print und Hörfunk/TV - zusammenarbeiten? Und gibt es nicht sowieso schon Informationsketten von lokalen oder spezialisierten Medien hin zu überregionalen Medien?[122]

Die Qualität und den Zweck von Wettbewerb und Zusammenarbeit zu verstehen ermöglicht es Journalist*innen, beide Arbeitsweisen gezielt für bestimmte Geschichten zu nutzen. Und die Möglichkeit, zwischen verschiedenen Graden von Wettbewerb und Zusammenarbeit zu wählen, kann völlig neue Wege eröffnen. In der kommenden Ära, in der alle Gesellschaften vernetzter sein werden,[123] sollte man dies als einen Schritt nach vorn betrachten. Journalist*innen müssen im Kontext dieses Übergangs große Entwicklungen vorantreiben: in unserer Nähe[124] ebenso wie über Grenzen hinweg.

Haben wir eine fertige Lösung dafür, wie eine kollaborative Denkweise den Journalismus verbessern kann, wie sie Journalist*innen ein besseres Verständnis unserer Gesellschaft vermittelt? Na, hoffentlich nicht! Journalismus ist ein Beruf und eine Praxis, eine menschliche Interaktion, die ständig an neue, unvorhersehbare Situationen angepasst werden muss. Was wir tatsächlich tun können, ist, den Beruf voranzubringen, indem wir unsere Methoden entwickeln und indem wir unsere Denkweise immer neu reflektieren. Wie bei jedem anderen Beruf geht es auch hier um ein fortlaufendes „learning by doing", um unser Handwerk klug weiterzuentwickeln. Man denke an Aristoteles' gute alte Idee der praktischen Vernunft.

Der Journalismus befindet sich in einem fundamentalen Umbruch, jetzt, wo wir von analogen zu vernetzten Gesellschaften übergehen. Gleichzeitig erleben wir - möglicherweise im Zusammenhang mit dem hier angesprochenen Gesamtkontext – gesellschaftliche Überraschungen, die vielleicht darauf zurückzuführen sind, dass über manche Themen nicht genug berichtet wurde. Erste Erfahrungen zeigen, dass die kollaborative Methode Lösungen für den Beruf bringen kann. Und alles deutet darauf hin, dass es sich absolut lohnt, das kollaborative Denken als Experiment zu wagen. Diese Anthologie ist ein Versuch, genau das zu tun.

ANMERKUNGEN

1 Meredith D. Clark, "ASNE's 2018 diversity survey results reflect low participation but encouraging shifts" American Society of News Editors, 15. November 2018 https://www.asne.org/diversity-survey-2018

2 Neil Thurman, "Does British journalism have a diversity problem?" Präsentation beim *Guardian Changing Media Summit*, 24. März 2016 https://neilthurman.com/files/downloads/changing-media-summit-24-march-2016.pdf

3 Doug Chayaka, "How Implicit Bias Works in Journalism." *Nieman Reports*, 13. November, 2018, https://niemanreports.org/articles/how-implicit-bias-works-in-journalism/

4 Jakob Minakowski, "Behemoth, Bully, Thief: How the English Language is Taking over the Planet." *The Guardian*, 27. Juli 2018, https://www.theguardian.com/news/2018/jul/27/english-language-global-dominance

5 Kai L. Chan, "Power Language Index", *INSEAD*, Mai 2016, http://www.kailchan.ca/wp-content/uploads/2016/06/KC_Power-Language-Index_May-2016.pdf

6 Lei Guo und Chris J. Vargo, "Global Intermedia Agenda Setting: A Big Data Analysis of International News Flow", *Journal of Communication* 67, no. 4 (August 2017), Seite 499–520

7 Alex Hurn und Mark Bennetts, "Great Firewall fears as Russia plans to cut itself off from internet", *The Guardian*, 12. Februar 2019, https://www.theguardian.com/world/2019/feb/12/great-firewall-fears-as-russia-plans-to-cut-itself-off-from-internet

8 Ben Nimmo und Aric Toler, "The Russians Who Exposed Russia's Trolls", *Digital Forensic Research Lab*, 8. März 2018, https://medium.com/dfrlab/the-russians-who-exposed-russias-trolls-72db132e3cd1

9 Jay Rosen (@jayrosen_nyu) "It truly is remarkable how ungenerous the New York Times can be in crediting others' prior work..." Twitter, 23. Dezember 2018, https://twitter.com/jayrosen_nyu/status/1076863235289169922

10 Norimitsu Onishi und Selam Gebrekidan, "In Gupta Brothers' Rise and Fall, the Tale of a Sullied A.N.C.", *The New York Times*, 22. Dezember 2018, https://www.nytimes.com/2018/12/22/world/africa/gupta-zuma-south-africa-corruption.html

11 Unathi Kondile, "Sikuvile? Nive bani kanye kanye? (We've heard you? Who exactly have you heard?)" *IOL*, 20. September 2018, https://www.iol.co.za/news/opinion/sikuvile-nive-bani-kanye-kanye-weve-heard-you-who-exactly-have-you-heard-17155169

12 Edgar W. Schneider, "World Englishes." *Oxford Research Encyclopedias*, Januar 2018, https://oxfordre.com/linguistics/view/10.1093/acrefore/9780199384655.001.0001/acrefore-9780199384655-e-270

13 "Intersex population figures", Intersex Human Rights Australia, 23. September 2013, https://ihra.org.au/16601/intersex-numbers/

14 Nicole G. Rider, Barbara J. Mcmorris, Amy L. Gower, Eli Coleman, und Marla E. Eisenberg. "Health and Care Utilization of Transgender and Gender Nonconforming Youth: A Population-Based Study." *Pediatrics* 141: Issue 3 (März 2018), doi:10.1542/peds.2017-1683

15 Amy King und Sarah Clark, "The 2017 VIDA Count | VIDA: Women in Literary Arts", *VIDA*, 17. Juni, 2018. http://www.vidaweb.org/the-2017-vida-count/

16 Carolyn Kylstra, "How Should a Health Brand Talk About Weight?" *SELF*, 25. Juni 2018, https://www.self.com/story/self-weight-health-style-guide

17 Definition siehe: "Genderqueer and Non-Binary Identities & Terminology" *Genderqueer and Non-Binary Identities*, Accessed June 17, 2019, http://genderqueerid.com/what-is-gq

18 ebd.

19 ebd.

20 vgl. "How Transgender Organizations Can Demonstrate Inclusivity." *Practical Androgyny*, 28. April, 2011, https://practicalandrogyny.com/2011/04/28/transgender-organisation-inclusivity/

21 vgl. "Media Reference Guide: Discussing Trans and Gender Diverse People." *Rainbow Health Ontario, 5*, https://www.rainbowhealthontario.ca/wp-content/uploads/2016/01/Media-Reference-Guide-Trans-and-Gender-Diverse-People1.pdf

22 ebd., S. 7

23 Kaylee Jakubowski, "No, the existence of trans people doesn't validate gender essentialism", *Open Democracy*, 23. August 2018, https://www.opendemocracy.net/en/transformation/no-existence-of-trans-people-doesn-t-validate-gender-essentialism/

24 "Number of refugees and migrants from Venezuela reaches three million", *IOM UN Migration*, 11. November 2018, https://www.iom.int/news/number-refugees-and-migrants-venezuela-reaches-three-million-0

25 "Reconocimiento de la FAO a Venezuela," *Oficina Regional de la FAO para América Latina y el Caribe*, Abruf am 17. Juni 2018, http://www.fao.org/americas/noticias/ver/es/c/230150/

26 Jenny García, Gerardo Correa, Brenda Rousset, "Trends in infant mortality in Venezuela between 1985 and 2016: a systematic analysis of demographic data," *The Lancet* 7, no. 3, (März 2019), doi:10.1016/S2214-109X(18)30479-0 https://www.thelancet.com/journals/langlo/article/PIIS2214-109X(18)30479-0/fulltext

27 "Situación de la libertad de expresión e información en Venezuela," *Espacio público*, 12. Februar 2019, http://espaciopublico.ong/2018-situacion-de-la-libertad-de-expresion-e-informacion-en-venezuela/#.XI-RNiMwjUQ

28 vgl. *Lebanese University*, Legal Information Center, [Establishment of a Temporary Department in the Ministry of the National Economy (The Office of Boycotting Israel)], Decree No. 10228, September 13, 1955, www.legallaw.ul.edu.lb/LawView.aspx?opt=view&LawID=188420

29 Jaime Urrutia-Fucugauchi, Luis Marín, Alberto Trejo García. "Initial Results Of The UNAM Scientific Drilling Program On The Chicxulub Impact Structure: Rock Magnetic Properties Of UNAM-7 Tekax Borehole." *Geofísica Internacional* 35, no. 2: 125-133. https://bit.ly/2C1AB2X

30 Jaime Urrutia-Fucugauchi, Joanna Morgan, Dieter Stöffler, and Philippe Claeys. 2004. "The Chicxulub Scientific Drilling Project (CSDP)." *Meteoritics & Planetary Science* 39 no. 6: 787-790. doi:10.1111/j.1945-5100.2004.tb00928.x

31 Federico Kukso. "The Ferocious Dinosaur And The Invisible Scientists." *Undark*, 25. Juli 2016, https://undark.org/2016/07/25/ferocious-dinosaur-invisible-scientists-argentina

32 Rodolfo A. Coria und Philip J. Currie, "A New Megaraptoran Dinosaur (Dinosauria, Theropoda, Megaraptoridae) From The Late Cretaceous Of Patagonia", *Plos ONE* 11, no. 7: doi:10.1371/journal.pone.0157973

33 Carl Zimmer, "Most Primate Species Threatened With Extinction, Scientists Find", *The New York Times*, 8. Januar 2017, https://www.nytimes.com/2017/01/18/science/almost-two-thirds-of-primate-species-near-extinction-scientists-find.html

34 Cathy O'Neil, *Weapons of Math Destruction*, (Crown: 2016)

35 Antoine Allen, "The 'Three black teenagers' search shows it is society, not Google, that is racist", *The Guardian*, 10. Juni 2016, https://www.theguardian.com/commentisfree/2016/jun/10/three-black-teenagers-google-racist-tweet

36 Julia Angwin, Jeff Larson, Surya Mattu und Lauren Kirchner, "Machine Bias," *ProPublica*, 23. Mai 2016, https://www.propublica.org/article/machine-bias-risk-assessments-in-criminal-sentencing

37 "Sample-COMPAS-Risk-Assessment-COMPAS-"CORE", Abruf am 17. Juni 2019, https://www.documentcloud.org/documents/2702103-Sample-Risk-Assessment-COMPAS-CORE.html

38 Ed Yong, "A Popular Algorithm Is No Better at Predicting Crimes Than Random People", *The Atlantic*, 17. Januar 2018, https://www.theatlantic.com/technology/archive/2018/01/equivant-compas-algorithm/550646/

39 Matt Reynolds, "Biased policing is made worse by errors in pre-crime algorithms", *New Scientist*, 4. Oktober 2017, Update am 27. April 2018, https://www.newscientist.com/article/mg23631464-300-biased-policing-is-made-worse-by-errors-in-pre-crime-algorithms/

40 Kristian Lum, William Isaac, "To Predict and Serve?" *Royal Statistical Society*, 7. Oktober 2016, doi:10.1111/j.1740-9713.2016.00960.x, https://rss.onlinelibrary.wiley.com/doi/full/10.1111/j.1740-9713.2016.00960.x

41 Julia Angwin and Jeff Larson, "Help us monitor political ads online", *ProPublica*, 7. September 2017, https://www.propublica.org/article/help-us-monitor-political-ads-online

42 "Alles zur Schufa - der Überblick", *Spiegel Online*, 28. November 2018, http://www.spiegel.de/

wirtschaft/service/blackbox-schufa-alles-zur-daten-recherche-a-1240663.html

43 Mehr Infos:
Nicholas Diakopoulos: "The Algorithms Beat: Angles and Methods for Investigation," *Data Journalism*, Abruf am 17. Juni 2019, https://datajournalismhandbook.net/handbook/two/investigating-data-platforms-and-algorithms/the-algorithms-beat-angles-and-methods-for-investigation

Francesco Marconi, Till Daldrup, and Rajiv Pant: "Acing the algorithmic beat, journalism's next frontier", *Nieman Lab*, 14. Februar 2019, http://www.niemanlab.org/2019/02/acing-the-algorithmic-beat-journalisms-next-frontier/

Nicholas Diakopoulos: "What a report from Germany teaches us about investigating algorithms", *Columbia Journalism Review*, 10. Januar 2019, https://www.cjr.org/tow_center/investigating-algorithims-germany-schufa.php

Uli Köppen, "What's up with news automation?" *Medium*, 8. Februar 2019, https://medium.com/@ulikppen/hi-bot-66a27ffba56a

44 Richard Chaplick et al, "The 2018 Racial and Gender Report Card: National Football League", TIDES, 2018, https://docs.wixstatic.com/ugd/7d86e5_0fea53798fdf472289d0966a8b009d6c.pdf

45 Nikhil Sonnad, "The NFL's racial divide, in one chart", *Quartz*, 24. Mai 2018, https://qz.com/1287915/the-nfls-racial-makeup-explains-much-of-its-national-anthem-problems/

46 Alvin Chang, "This is why baseball is so white", *Vox*, 24. Oktober 2016, https://www.vox.com/2016/10/27/13416798/cubs-dodgers-baseball-white-diverse

47 Deidre Carmody, "Female reporter sues over locker room ban," *The New York Times*, 30. Dezember 1977, https://www.nytimes.com/1977/12/30/archives/female-reporter-sues-over-lockerroom-ban-female-reporter-sues-over.html

48 Steve Wyche, "Colin Kaepernick explains why he sat during national anthem", *NFL*, 27. August 2016, http://www.nfl.com/news/story/0ap3000000691077/article/colin-kaepernick-explains-why-he-sat-during-national-anthem

49 Steve Woulf, "Melissa Ludtke: 'Sorry, guys. You couldn't stop us then. You can't stop us now.'" *ESPN*, 28. September 2019, http://www.espn.com/espnw/voices/article/24793238/sorry-guys-stop-us-stop-us-now

50 Egon G. Guba, "Subjectivity and objectivity", In *Qualitative inquiry in education: The continuing debate*, E. W. Eisner & A. Peshkin's eds. (New York: Teachers College Press, 1990), S. 74-91

51 Norman K Denzin und Yvonna S. Lincoln, „The SAGE handbook of qualitative research", Thousand Oaks: Sage Publications, 2015

52 Rob Winjerberg , "Why we want our journalists to take a stance at The Correspondent—and ask them to keep a public notebook", *Medium*, 17. September 2018, https://medium.com/de-correspondent/why-we-want-our-journalists-to-take-a-stance-at-the-correspondent-2486606e54f8

53 "African Union Election Observation Mission preliminary statement", *The Herald*, Abruf am 2. August 2018, https://www.herald.co.zw/african-union-election-observation-mission-preliminary-statement/

54 Mark Spilsbury, "Exploring Freelance Journalism", *National Council for the Training of Journalists*, Dezember 2016, http://www.nctj.com/downloadlibrary/EXPLORING%20FREELANCE%20JOURNALISM%20FINAL.pdf

55 Daniel Bates und Arthur Martin, "Inside Oxfam's Caligula Orgy Villa..." *Mail Online*, 12. Februar 2018, https://www.dailymail.co.uk/news/article-5383251/Inside-Oxfams-Caligula-orgy-villa.html

56 Daniel Bates und Emina Simnaz, "Oxfam boss slept with me when I was 16..." *Mail Online*, 15. Februar 2018, https://www.dailymail.co.uk/news/article-5397369/Oxfam-boss-slept-age.html

57 Peter W. Klein und Shayna Plaut, "Fixing' the Journalist-Fixer Relationship", *Nieman Reports*, Abruf am 17. Juni 2019, https://niemanreports.org/articles/fixing-the-journalist-fixer-relationship/

58 Thomas Hanitzsch, Nina Steindl und Corinna Lauerer, "Country Report: Journalists in Germany", *Worlds of Journalism Study*, 2016, https://epub.ub.uni-muenchen.de/28095/1/Country%20report%20Germany.pdf

59 "Saudi Arabia: Labor Crackdown Violence." *Human Rights Watch*, 30. November 2013, https://www.hrw.org/news/2013/11/30/saudi-arabia-labor-crackdown-violence

60 Mohammed Rasooldeen, "Dhaka Thanks King

for Lifting Ban on Workers", *Arab News*, 11. August 2016, http://www.arabnews.com/node/967666/saudi-arabia

61 "Ethiopian House Helps Back to Saudi Arabia after an Absence of Four Years", *Saudi Gazette*, 9. Januar 2019, http://saudigazette.com.sa/article/552020/SAUDI-ARABIA/Ethiopian-house-helps-back-to-Saudi-Arabia-after-an-absence-of-four-years

62 "Population Of Kuwait." *Kuwait Government Online*, Abruf am 9. März 2019, https://www.e.gov.kw/sites/kgoEnglish/Pages/Visitors/AboutKuwait/KuwaitAtaGlanePopulation.aspx

63 vgl. http://search.al-jazirah.com.sa/FLASHPDFARCH/2008/2008-01/27-01-2008/p0901.jpg

64 وزير العمل البحريني: العمالة الوافدة للخليج.. أخطر من قنبلة *Aaswat*, 27. Januar, 2008, http://archive.aawsat.com/details.asp?issueno=10626&article=455776

65 الآثار السلبية للعمالة الوافدة على دول مجلس التعاون الخليجي *Al Eqt*, 25. Januar, 2011, http://www.aleqt.com/2011/01/05/article_487643.html

66 "Census reveals a fast changing, culturally diverse nation", *Australian Bureau of Statistics 2016 Census: Multicultural*, letztes Update am 3. März 2017, http://www.abs.gov.au/ausstats/abs@.nsf/lookup/Media%20Release3

67 Gemäß Artikel 1 der SBS-Charta 1991, "the principal function of the SBS is to provide multilingual and multicultural radio, television and digital media services that inform, educate and entertain all Australians and, in doing so, reflect Australia's multicultural society", "About us", Our Story, *SBS*, Abruf am 17. Juni 2019, https://www.sbs.com.au/aboutus/our-story/

68 "Great Australian road trips to take in 2019", *The Sydney Korean Herald*, 28. Februar 2019, http://koreanherald.com.au/?p=12259

69 Usha M. Rodrigues und Yin Paradies, "Transnational News and Multicultural Australia: Cultural Diversity and News in Australia", *Melbourne Deakin University* (2017)

70 "Seeing ourselves: Reflections on diversity in Australian TV drama", *Screen Australia*, 2016, https://www.screenaustralia.gov.au/getmedia/157b05b4-255a-47b4-bd8b-9f715555fb44/tv-drama-diversity.pdf

71 "Australian Broadcasting Corporation Equity And Diversity Annual Report 2016-17", *Australian Broadcasting Corporation*, 2017, https://about.abc.net.au/wp-content/uploads/2017/12/ABC-Equity-and-Diversity-Report-2016-17.pdf

72 "Australian Entertainment & Media Outlook 2018-2022", *PricewaterhouseCoopers*, 2018, https://www.pwc.com.au/industry/entertainment-and-media-trends-analysis/outlook.html

73 Pandaily Baidu CEO Robin Li: Chinese consumers favor efficiency at the expense of privacy, *Medium*, 28. März 2018, https://medium.com/@pandaily/baidu-ceo-robin-li-chinese-consumers-favor-efficiency-at-the-expense-of-privacy-eea08bff9cb9

74 Timothy Morey, Theodore "Theo" Forbath, Allison Schoop, "Customer Data: Designing for Transparency and Trust", *Harvard Business Review* (Mai 2015) https://hbr.org/2015/05/customer-data-designing-for-transparency-and-trust

75 Sabine Devins, "Why Germans are so private about their data", *Handelsblatt*, 10. Februar 2017, https://www.handelsblatt.com/today/handelsblatt-explains-why-germans-are-so-private-about-their-data/23572446.html?ticket=ST-765981-qlfZ-AfrhL1TUW1gXsG4U-ap6

76 Rede von Bundeskanzlerin Angela Merkel beim 49. „World Economic Forum"-Jahrestreffen in Davos am 23. Januar 2019, https://www.bundeskanzlerin.de/bkin-en/news/speech-by-federal-chancellor-angela-merkel-at-the-49th-world-economic-forum-annual-meeting-in-davos-on-23-january-2019-1574188

77 Dulcie Lee, "Tory women MPs targeted with sexit abuse online", *The Times*, 31. August 2018, https://www.thetimes.co.uk/edition/news/tory-women-mps-targeted-with-sexist-abuse-online-g0g2t0n32

78 "Toxic Twitter: Women's Experiences of Violence and Abuse on Twitter", *Amnesty International*, Abruf am 17. Juni 2019, https://www.amnesty.org/en/latest/research/2018/03/online-violence-against-women-chapter-3/

79 Rossalyn Warren, *Targeted and Trolled: The Reality of Being a Woman Online* (Melbourne: Penguin Random House, 2015)

80 Jane Lytvynenko, "Anti-Muslim Hate Speech is absolutely relentless on social media even as platforms crack down on other extremist groups", *Buzzfeed News*, 18. März 2019, https://www.buzzfeednews.com/article/janelytvynenko/islamophobia-absolutely-relentless-social-media

81 Simon Van Zuylen Wood, "'Men are scum': Inside Facebook's War on Hate Speech", *Vanity Fair*, März 2019, https://www.vanityfair.com/news/2019/02/men-are-scum-inside-facebook-war-on-hate-speech

82 Gretchen Faust, "Hair, Blood and the Nipple: Instagram Censorship and the Female Body", *Digital Environments. Ethnographic Perspectives across Global Online and Offline Spaces* (Bielefeld: transcript Verlag, 2017), S. 159-170. DOI: https://doi.org/10.25595/493, https://www.genderopen.de/bitstream/handle/25595/499/Faust_2017_Hair%2CBlood%20and%20the%20Nipple.pdf?sequence=1&isAllowed=y

83 Audrey Carlsen, Maya Salam et al, "#MeToo Brought Down 201 Powerful Men. Nearly Half of Their Replacements Are Women", *The New York Times*, 23. Oktober 2018, https://www.nytimes.com/interactive/2018/10/23/us/metoo-replacements.html

84 Emily Stewart, "Why struggling companies promote women: The glass cliff, explained," *Vox*, 31. Oktober 2018, https://www.vox.com/2018/10/31/17960156/what-is-the-glass-cliff-women-ceos

85 "Measuring the MeToo Backlash", *The Economist*, 20. Oktober 2018, https://www.economist.com/united-states/2018/10/20/measuring-the-metoo-backlash

86 Diana Falzone, "'You will lose everything': Inside the Media's #MeToo Blacklist," *Vanity Fair*, 16. April 2019, https://www.vanityfair.com/news/2019/04/the-metoo-blacklist

87 Sudarsan Raghavan und Heba Farouk Mahfouz, "In Egypt, a #MeToo Complaint can land a woman in jail", *The Washington Post*, 25. Oktober 2018, https://www.washingtonpost.com/world/in-egypt-a-metoo-complaint-can-land-a-woman-in-jail/2018/10/24/3a2fe5a0-d6db-11e8-a10f-b51546b10756_story.html?utm_term=.d60d5a-b3ee56

88 Instituto Brasileiro de Geografie e Estatística, "Disability results from the 2010 Brazilian Population Census", 2016, http://www.washingtongroup-disability.com/wp-content/uploads/2016/02/wg12_session6_5_borges.pdf

89 ebd.

90 Luis Sanchez-Gomez, "A. Human Zoos or Ethnic Shows? Essence and contingency in Living Ethnological Exhibitons", *Culture & History Digital Journal* 2, no.2: Dezember 2013, https://eprints.ucm.es/24083/1/Human_Zoos_or_Ethnic_Shows.pdf

91 Qiu, Linda's Interview mit Clair Prentice, "Tribal Headhunters on Coney Island? Author Revisits Disturbing American Tale, Author revisits troubled history of Filipino tribe brought to America in 1905", *National Geographic*, Oktober 2014, https://relay.nationalgeographic.com/proxy/distribution/public/amp/news/2014/10/141027-human-zoo-book-philippines-headhunters-coney-island

92 Maruja M.B. Asis, "The Philippines: Beyond Labor Migration, Toward Development and (Possibly) Return." *Migration Policy*, 12. Juli 2017, https://www.migrationpolicy.org/article/philippines-beyond-labor-migration-toward-development-and-possibly-return

93 Lilia Maria Sevillano, "From the Margins: Filipina Skilled Migrants tell their Stories." Magisterarbeit, 2017, https://mro.massey.ac.nz/bitstream/handle/10179/12489/02_whole.pdf?sequence=2&isAllowed=y

94 Kevin Nadal, "How I Learned What It Means To Be A Filipino-American", *Buzzfeed*, 22. Oktober 2015, https://www.buzzfeed.com/kevinnadal/becoming-filipino-american

95 "Filipino migrants in Italy highlighted in PSPC event", *University of the Philippines*, Abruf am 17. Juni 2019, https://cids.up.edu.ph/pspc-filipino-migrants-in-italy/

96 E.J.R. David, "Why Are Filipino Americans Still Forgotten and Invisible?" *Psychology Today*, 6. April 2016, https://www.psychologytoday.com/us/blog/unseen-and-unheard/201604/why-are-filipino-americans-still-forgotten-and-invisible

97 Anthony Ocampo, "Stop forgetting Filipino Americans." *From The Square: NYU Press Blog*, 20. April 2016, https://www.fromthesquare.org/stop-forgetting-filipino-americans/#.XIOCxSgzbIV

98 Melissa Bosworth und Lakshmi Sarah, *Crafting Stories for Virtual Reality*, (Routledge: 2018)

99 Greg Satell, "The Truth About Diverse Teams", *Inc*, April 2018, https://www.inc.com/greg-satell/science-says-diversity-can-make-your-team-more-productive-but-not-without-effort.html

100 Marita Mitschein, "Why Diversity and Inclusion Matters- from an Innovation Perspective." *Digitalist Mag*, August 2016, https://www.digitalistmag.com/future-of-work/2018/08/22/why-diversity-inclusion-matters-from-innovation-perspective-06183094

101 David Rock und Heidi Grant, "Why Diverse Teams are Smarter", *Harvard Business Review*,

November 2016, https://hbr.org/2016/11/why-diverse-teams-are-smarter

102 Olga Kudryashova, „Wie neue Gesetzesänderungen ‚Über Massenmedien' die Freiheit kasachischer Journalisten einschränken", *Kursiv*, 29. Januar 2018, https://kursiv.kz/news/obschestvo/2018-01/kak-novye-popravki-v-zakon-o-smi-ogranichivayut-svobodu-kazakhstanskikh

103 Nazira Darimbet, „Überlebensmatrix: Überlebenswege und Methoden zur Entwicklung redaktionell unabhängiger Medien in Ländern mit autoritären Regimen", *Prague Civil Center*, Juni 2018, http://freedom.media.tilda.ws/

104 Haydar Shodiev, „Massenmedien in Tadschikistan: Selbstzensur und ‚Durchgreifen'", *Asia Plus*, 3. Mai 2017, https://news.tj/ru/news/tajikistan/society/20170503/smi-v-tadzhikistane-samotsenzura-i-zakruchivanie-gaek

105 vgl. Analysen von Videoinhalten und Sendesprachen von Fernsehsendern aus Kirgisistan, *Expert Consulting Agency*, Januar 2018, http://www.expert.kg/ru/monitoring/180

106 Yury Zhigalkin, „Wen beeinflusst die Propaganda des Kremls?", *Radio Liberty*, 25. August 2018, https://www.svoboda.org/a/usa-today-russia-propaganda/29439720.html

107 Ksenia Kirillova, „Kazahkstani media repeat Russian propaganda- opposition journalist", *Radio Liberty*, September 29, 2018, https://ru.krymr.com/a/kirillova-kazahstanskie-smi-povtoryayut-rossiyskuyu-propagandu/29479967.html

108 A.A. Mansurov and P.A. Ibragimova, „Geschlechterstereotype und Sexismus in Sozialen Medien", *Philological Sciences* 4(58), April 2017, Doi: 10.23670/IRJ.2017.58.055, https://research-journal.org/languages/gendernye-stereotipy-i-seksizm-v-socialnyx-media/

109 Darimbet, 2018

110 "ASNE's 2018 diversity survey results reflect low participation but encouraging shifts", *American Society of News Editors*, 15. November 2018, https://www.asne.org/diversity-survey-2018

111 Farai Chideya, "In the Shadow of Kerner: Fifty Years Later, Newsroom Diversity and Equity Stall", *Shorenstein Center on Media, Politics and Public Policy*, 22. Mai 2018, https://shorensteincenter.org/kerner-fifty-years-later-newsroom-diversity/

112 Brigitte Alfter & Tabea Grzeszyk, „Cross-border journalism as a method / Cross-border journalism as a mindset", *Hostwriter*, 2018, https://blog.hostwriter.org/cross-border-journalism-booklets-for-downloading/

113 "The Tobacco Lobby Goes Global", *ICIJ*, 2000, https://www.icij.org/investigations/big-tobacco-smuggling/

114 Farmsubsidy, seit 2005, https://farmsubsidy.org/about/

115 "Luxembourg Leaks: Global Companies' Secrets Exposed", *ICIJ*, 2014, https://www.icij.org/investigations/luxembourg-leaks/

116 "The Panama Papers: Exposing the Rogue Offshore Finance Industry", *ICIJ*, 2017, https://www.icij.org/investigations/panama-papers/

117 So wurde beispielsweise die Untersuchung der „Panama Papers" durch die *Süddeutsche Zeitung* und das *ICIJ* vom *Reuters Institute for the Study of Journalism* analysiert, siehe: Lucas Graves und Nabeelah Shabbir, „Gaughing the Impacts of the 'Panama Papers' Three Years Later", *Reuters Institute*, März 2019, https://reutersinstitute.politics.ox.ac.uk/sites/default/files/2019-03/Graves_Gauging_the_Global_Impacts_of_the_Panama_Papers_FINAL_0.pdf

118 "Football Leaks", *European Investigative Collaborations*, seit 2016, https://eic.network/projects/football-leaks

119 "Implant Files", *ICIJ*, 2018, https://www.icij.org/investigations/implant-files/

120 Brigitte Alfter, *Crossborder Collaborative Journalism – a Step By Step Guide*, (Routledge, 2019), https://www.routledge.com/Cross-Border-Collaborative-Journalism-A-Step-By-Step-Guide-1st-Edition/Alfter/p/book/9781138613638

121 Siehe Alfter, 2019

122 Willig, Ida; Ørsten, Mark Blach & Lund, Anker Brink (2009). Hvor kommer nyhederne fra? Den journalistiske fødekæde i Danmark før og nu. Ajour.

123 Manuel Castells, "The Rise of the Network Society", (Wiley-Blackwell, 2012), https://www.worldcat.org/title/rise-of-the-network-society/oclc/860504416

124 Brigitte Alfter, "The New Journalism Manifesto", *Medium*, 25. Juni 2018, https://medium.com/@brigitte.alfter/new-journalism-manifesto-local-journalism-ec46f3cbce68

AUTOR*INNEN & REDAKTEUR*INNEN

Asma Abidi
Autorin

Asma Abidi ist eine preisgekrönte Journalistin aus Tunesien. Sie berichtet über Migration, Menschenrechte und soziale Veränderungen im arabischen Raum nach den Aufständen.

Wafaa Albadry
Autorin

Wafaa Albadry ist eine ägyptische Fernseh- und Onlinejournalistin mit Sitz in Berlin, Deutschland. Sie berichtet über Frauenrechtsfragen, Politik und Kultur und schreibt derzeit ihr erstes Buch über die Dynamik der #Metoo-Ära.

Brigitte Alfter
Autorin

Brigitte Alfter ist eine preisgekrönte deutsch-dänische Journalistin und Direktorin der Organisation „Arena for Journalism in Europe". Sie ist ehemalige Dozentin für Journalismus an der Universität Roskilde in Dänemark und Mitbegründerin journalistischer Cross-border-Netzwerke.

Mohammad Bassiki
Redakteur

Mohammad Bassiki verfügt über zehn Jahre Erfahrung im Bereich Journalismus und Recherche. Er ist der Gründer des *Syrian Investigative Reporting for Accountability Journalism: SIRAJ*, dem ersten investigativen Berichtsnetzwerk in Syrien.

Daniel Bates
Autor

Daniel Bates ist ein preisgekrönter, freiberuflicher Journalist mit über zehnjähriger Erfahrung. Seit 2010 lebt der Brite in New York, wo er über Breaking News wie den Bombenangriff auf den Boston Marathon berichtet.

Margherita Bettoni
Autorin

Margherita Bettoni stammt aus Italien und absolvierte ihre journalistische Ausbildung an der Deutschen Journalistenschule in München. Sie arbeitet als freie Journalistin mit Schwerpunkt Organisierte Kriminalität.

Priyanka Borpujari
Redakteurin

Priyanka Borpujari ist eine preisgekrönte, unabhängige Journalistin, die vor allem zu Fragen der Menschenrechte arbeitet. Zuletzt lief sie beim *Out of Eden Walk* 1.200 Kilometer zu Fuß durch Indien.

Irene Caselli
Autorin

Irene Caselli ist eine freiberufliche Multimedia-Journalistin mit 15 Jahren Erfahrung in den Bereichen Print und Broadcast. Nach einem Jahrzehnt in Lateinamerika lebt sie heute in ihrem Heimatland Italien.

Michaela Cavanagh
Autorin

Michaela Cavanagh ist eine kanadische Journalistin mit Sitz in Köln, Deutschland. Sie arbeitet als Multimedia-Journalistin bei der *Deutschen Welle* und als Freelancerin arbeitet.

Amber D. Dodd
Autorin

Amber D. Dodd ist Journalistin, Schriftstellerin, Essayistin, Videojournalistin und Absolventin der amerikanischen *Mississippi State University*. Sie berichtet über Basketball, Fußball, Softball, Baseball und High School Sport im Bundesstaat Mississippi und schreibt freiberuflich Geschichten.

Piotr Drabik
Redakteur

Piotr Drabik ist Journalist und arbeitet für *Radio ZET News*. Er hat über wichtige Ereignisse in Polen berichtet, darunter den NATO-Gipfel in Warschau (2016), die Weltjugendtage in Krakau (2016) und die UEFA Euro 2012.

Christina Elmer
Autorin

Christina Elmer hat die Abteilung Datenjournalismus bei *SPIEGEL ONLINE* aufgebaut und arbeitet im Redaktionsteam an neuen Lösungen, Formaten und Produkten. Sie ist Vorstandsmitglied bei „Netzwerk Recherche", dem deutschen Verband der Investigativjournalist*innen.

Emran Feroz
Autor

Emran Feroz ist ein unabhängiger Journalist, Autor und Gründer von „Drone Memorial", einem virtuellen Denkmal für zivile Drohnenopfer. Seine Arbeiten erschienen in der *New York Times, Al Jazeera, The Atlantic, The Hindu,* und *Alternet. Daneben schreibt er regelmäßig für deutschsprachige Medien.*

Atokhon Ganiev
Autor

Atokhon Ganiev ist ein tadschikischer Multimedia-Journalist, Autor von Medienprojekten und Preisträger journalistischer Wettbewerbe. Er schreibt in mehreren Sprachen über Korruption, Umwelt und grenzüberschreitende Themen.

Bernadette Geyer
Redakteurin

Bernadette Geyer leitet die Kommunikation bei Hostwriter. Daneben arbeitet sie als freiberufliche Autorin, Lektorin und Übersetzerin.

Tabea Grzeszyk
Autorin, Redakteurin

Tabea Grzeszyk ist Mitgründerin und CEO von Hostwriter. Außerdem arbeitet sie freiberuflich als Buchkritikerin und Feature-Autorin für *DLF Kultur* und unterrichtet Cross-border Journalismus.

Moshtari Hilal
Illustratorin

Moshtari Hilal (geb. Kabul) ist Künstlerin und Illustratorin mit Wohnsitz in Hamburg und Berlin. Mit ihrem oft semi-autobiografischen Werk will sie ein Verständnis für die Komplexität marginalisierter Identitäten schaffen.

Henrique Kugler
Redakteur

Henrique Kugler ist freiberuflicher Wissenschaftsautor aus Brasilien mit den Schwerpunkten Umweltverschmutzung, Luftqualität, Landwirtschaft, Agrarökologie und ökologischer Landbau, sowie Geisteswissenschaften und Entwicklungsfragen.

Tina Lee
Chefredakteurin

Die gebürtige Amerikanerin Tina Lee ist Leiterin des Hostwriter Botschafterprogramms in Berlin. Daneben schreibt und forscht sie zu Migration, Menschenrechten und Rechtsextremismus.

Chinula Mandla
Autor

Chinula Mandla ist ein freiberuflicher Fotograf und Filmemacher mit Sitz in Simbabwe. Er ist spezialisiert auf Fotojournalismus, Portrait- und Dokumentarfilm. Er forscht und schreibt über visuelles Geschichtenerzählen und die Technologie der Bildgestaltung.

Olalla Tuñas Martínez
Redakteurin

Olalla Tuñas Martínez ist eine spanische Journalistin und Autorin. Sie war Hostwriter's Head of Community Engagement und ist derzeit für den investigativen Newsroom *Civio.es* tätig.

Esther Nakkazi
Redakteurin

Esther Nakkazi ist freiberufliche Wissenschafts- und Technologiereporterin und Medientrainerin. Sie arbeitet seit über einem Jahrzehnt als Medizinjournalistin bei der Wochenzeitung *The East African Week* und schreibt für internationale Publikationen.

Charles Nisz
Autor

Charles Nisz ist seit 2001 Journalist und hat sich auf digitale Medien und Politik, Umwelt und Technik spezialisiert. Er hat für viele brasilianische Medien wie *UOL, Yahoo Brasil, Brasil 247* und andere gearbeitet.

Silvia Nortes
Autorin

Silvia Nortes ist freiberufliche Journalistin mit Sitz in Spanien. Sie berichtet über soziale und kulturelle Themen und arbeitet als spanische Korrespondentin für das internationale Menschenrechtsmagazin *Index on Censorship.*

Marielba Núñez
Autorin

Marielba Núñez ist eine venezolanische Journalistin und Schriftstellerin aus Caracas. Sie berichtet über Wissenschaft, Technologie, Gesundheit und Bürgerschaft und bezeichnet sich als „Wissensjournalistin". Sie ist *Knight-Wallace Fellow* der University of Michigan.

Priscila Pacheco
Autorin

Priscila Pacheco ist eine brasilianische Journalistin, die sich auf Geschichten aus dem Umland von São Paulo konzentriert. Sie nutzt das Informationsfreiheitsgesetz, um an Daten und Informationen für ihre Arbeit zu gelangen.

Tanya Pampalone
Autorin

Tanya Pampalone ist geschäftsführende Redakteurin des *Global Investigative Journalism Network.* Zuvor war sie für Südafrikas *Mail & Guardian* und *The Conversation Africa* tätig. Ihr jüngstes Buch, „I Want To Go Home Forever: Stories of Becoming and Belonging in South Africa's Great Metropolis", wurde im September 2018 bei *Wits Press* veröffentlicht.

Tabapsi Tagne Timothée Parfait
Redakteur

Tabapsi Tagne Timothée Parfait ist Kulturjournalist und Gründer und Direktor von Mosaïques, Arts-Ideas-Africa, dem einzigen Magazin für Kunst und Ideen in Kamerun und Zentralafrika.

Jelena Prtorić
Autorin

Jelena Prtorić ist freie Journalistin, die (meist) aus/über Südosteuropa berichtet. Ihre Arbeit konzentriert sich hauptsächlich auf Menschen- und Geschlechterrechte, Kultur, Politik und Umwelt. Sie ist auch Podcast-Produzentin und Übersetzerin für Graphic Novels.

Riana Randarianarisoa Raymonde
Autorin

Riana Randarianarisoa Raymonde verfügt über 18 Jahre Erfahrung im investigativen und grenzüberschreitenden Journalismus. Sie ist die Gründerin und Eigentümerin von *Mada24.net* und derzeit Generalsekretärin des Netzwerks der investigativen Journalist*innen Madagaskars.

Purple Romero
Autorin, Redakteurin

Purple Romero ist eine Multimedia-Journalistin, die über das Justizsystem, Klima- und Menschenrechtsfragen und die Region Südostasien berichtet. Sie verantwortete die Recherchen über den Philippinischen Obersten Gerichtshof für zwei Bücher, die zu Bestsellern wurden.

Ahmad Sabri
Autor

Ahmad Sabri ist ein Schriftsteller und Journalist aus den Vereinigten Arabischen Emiraten, der sich für Angelegenheiten des Nahen Ostens, Migrant*innenrechte und Geschichte interessiert und der daran glaubt, den Nachrichten einen tieferen Kontext zu geben.

Mónica Baró Sánchez
Autorin

Mónica Baró Sánchez ist eine unabhängige kubanische Journalistin, die hauptsächlich über internationale Politik, Umwelt, Gesundheit und geschlechtsspezifische Gewalt geschrieben hat. Ihre Arbeiten erscheinen in *Bohemia, Periodismo de Barrio, Univisión, Kuba Posible* und *El Estornudo.*

Lakshmi Sarah
Autorin

Lakshmi Sarah ist eine Multimedia-Journalistin, Pädagogin und Autorin mit dem Schwerpunkt immersives Geschichtenerzählen. Sie hat mit Zeitungen, Radio und Zeitschriften von Ahmedabad, Indien bis Los Angeles, Kalifornien, gearbeitet und für *Global Voices, AJ+, KQED, Die Zeit* und die *New York Times* geschrieben und produziert.

Anuradha Sharma
Autorin

Anuradha Sharma, eine im indischen Shiliguri ansässige unabhängige Journalistin, hat mit *The Telegraph* und *The Economic Times* zusammengearbeitet. Sie schreibt über Politik, Kultur, Medien und soziale Gerechtigkeit und war *Reuters Fellow* an der University of Oxford.

Ali Shehab
Autor, Redakteur

Der libanesische Journalist Ali Shehab ist für seine politische Analyse und Satire bekannt. Viele seiner Schriften sind auf internationalen und panarabischen Zeitungen und Websites viral geworden. Er arbeitet auch im Bereich Dokumentarfilm und Fernsehen.

Hannah Spyksma
Redakteurin

Hannah Spyksma ist Journalistin und Forscherin aus einer kleinen Strandstadt im hohen Norden von Aotearoa Neuseeland, die über Themen rund um Identität, Ort und Kultur recherchiert und schreibt.

Qian Sun
Autorin, Redakteurin

Qian Sun, ansässig in Berlin, Deutschland, arbeitet hauptsächlich für Phoenix TV, Hongkong, als Korrespondentin für deutsche und europäische Politik. Daneben ist sie als Produzentin digitaler Inhalte für *FIFA, Pear Video*, etc. tätig.

Kolawole Talabi
Autor

Kolawole Talabi ist Wissenschaftsautor und hat Artikel über Wildtierschutz, städtische Biodiversität und die Entdeckung neuer Arten veröffentlicht. Derzeit ist er *Frederic Bastiat Fellow* am Mercatus Center. Daneben ist er *Life Fellow* der Nigerianischen Naturschutzstiftung.

Bex vanKoot
*Autor*in*

Bex ist ein*e kanadische*r, freiberufliche*r Journalist*in, Essayist*in und Contentautor*in, der*die sich für Wissenschaft, Kultur, Identität und Gerechtigkeit begeistert. Mehr Infos auf Twitter: @bexvankoot.

Laura Vargas-Parada
Autorin

Laura Vargas-Parada ist eine freiberufliche Wissenschaftsautorin mit Sitz in Mexiko-Stadt und Herausgeberin am *Center of Complexity Sciences* (C3), UNAM. Sie berichtet über die mexikanische und lateinamerikanische Wissenschaft und hat Beiträge für Printmedien, Radio und Fernsehen veröffentlicht.

Andy Wilke
Designer

Andy Wilke ist Lead Designer bei Hostwriter und freiberuflicher Grafikdesigner. Sein Fokus liegt auf User Experience und Branding.

Shona Yang
Autorin

Shona Yang ist eine freiberufliche Autorin und Bloggerin mit Sitz in Sydney. Die asiatische Australierin ist eine leidenschaftliche Erzählerin, die Geschichten über die Erfahrungen von Minderheiten und Menschenrechten auf der ganzen Welt erzählt. Mehr Infos: www.shonasays.com

hostwriter

CORRECTIV
Recherchen für die Gesellschaft